T0287324

OCEANO exprés

Pedro Infante
El ídolo inmortal

JOSÉ ERNESTO INFANTE QUINTANILLA

PEDRO INFANTE
EL ÍDOLO INMORTAL

OCEANO exprés

PEDRO INFANTE
EL ÍDOLO INMORTAL

Ésta es una edición cuyo contenido se publica dando cumplimiento al ejercicio de los derechos patrimoniales de autor y de propiedad industrial que pertenecen a la sucesión del señor Pedro Infante Cruz, y para ello se otorgó plena autorización al señor José Ernesto Infante Quintanilla. Atentamente, María Guadalupe Infante Torrentera

D. R. © 2022, Editorial Océano de México, S.A. de C.V.
Guillermo Barroso 17-5, Col. Industrial Las Armas,
Tlalnepantla de Baz, 54080, Estado de México
info@oceano.com.mx

Primera reimpresión en Océano exprés: julio, 2022

ISBN: 978-607-735-263-1

A mi esposa Rosy
y
a mis amados hijos,
Irasema y Ernesto,
por lo valioso de su propia historia

A mi madre,
con amor eterno

A la memoria de mi padre,
José Delfino Infante Cruz
(Pepe Infante)

A la memoria de Pedro Barbosa Núñez,
siempre amigo de verdad

A mi inolvidable don Andrés García Lavín, con profundo agradecimiento por su aprecio y amistad

A don Mario Esquivel Ríos, por sus ricas enseñanzas musicales

Con toda mi admiración al gran pueblo de México,
que mantiene viva la presencia de Pedro Infante

ÍNDICE

Presentación

A más de medio siglo de su muerte, Pedro Infante no ha dejado de ser una de las leyendas que más atrapan la imaginación popular de nuestro país. Durante todo este tiempo, fueron superándose, con muchas reticencias, los prejuicios de la gente bien de los cincuenta, época en que la burguesía mexicana lo veía como un ídolo de muchedumbres; una devoción sólo para las clases populares, asiduos radioescuchas de aquella famosísima *Charrita del cuadrante.* En suma, un "pe-la-do", un "corriente" que jamás resistiría la comparación con Clark Gable, Gary Cooper o Cary Grant, ídolos del cine de Hollywood que se encontraban en la cima de su popularidad en aquel momento.

Sin embargo, el tiempo hizo su lento trabajo de apaciguamiento de esas oleadas de antipatía, y ahora no es raro que, incluso en esos exclusivos ambientes, se acepte, finalmente, que era un buen actor, atractivo, viril, con una simpatía irresistible y poseedor de una voz excepcional. También sus cintas han sido revaloradas por los críticos, quienes las consideran un ciclo de estudio obligado dentro de la historia del cine nacional.

Y es que, de veras, no es fácil sustraerse a la vitalidad de Infante, quien, de muchas maneras, a través de todas sus películas y discos, forma parte, incluso, de algunas de nuestras costumbres familiares. ¿Qué cumpleaños estaría completo sin "Las mañanitas", interpretada por él? *En la fresca y perfumada mañanita de tu santo...*

Hoy, en México, casi nadie podría afirmar, seriamente, que no ha visto, aunque sea un ratito, algunas de sus películas o que, por lo menos, no ha caído en la tentación de tararear alguna de sus canciones —más de cuatrocientas para escoger.

Por otra parte, en el mundo intelectual se debate si Pedro Infante es un compendio de mexicanidad o si él mismo es el que ha moldeado mucho de la idiosincrasia del mexicano actual. Décadas y décadas de cine por televisión en las que, una y otra vez, hemos permanecido arrobados ante su forma de ser, son reforzamientos que no pueden tomarse a la ligera, pues indudablemente han dejado huella. Quizá por eso muchos hombres tienen como ideal ser igualitos a él: expansivos, alegres, seguros de sí mismos, y en este afán intentan hacer suya la letra de "El mil amores". Ahora que entre las mujeres ¿quién no ha soñado con una serenata en la que una voz parecida a la de él nos cante "No me platiques", "Te quiero así", sin olvidar, claro, "Cien años"?

Sin duda, decir *Pedro Infante* es hablar de alguien muy cercano con quien sería posible cualquier grado de parentesco: hermano, primo, tío, compadre, esposo, o el que se nos ocurra. Una imagen familiar que no conoce el olvido porque abundan las anécdotas que lo mantienen presente, y que son atesoradas con gran afecto en la memoria colectiva.

Su sobrino, José Ernesto Infante Quintanilla, asegura que su sencillez y su don de gentes eran auténticos, y en recuerdo de esto nos ofrece esta emotiva semblanza *Pedro Infante. El ídolo inmortal* para que todos podamos descubrir a un Pedro Infante a... ¡toda ley!, el mismo que a pesar de tantos años "vive en la conciencia popular con carácter de celebridad".

Guadalupe Loaeza

PREFACIO

Con este trabajo deseo poner al alcance del lector algunos de los aspectos más relevantes de un mexicano, quizá el más destacado de los últimos sesenta años, que se mantiene dentro del gusto popular como uno de los personajes más queridos de nuestro país. Pedro Infante fue "una fuerza de la naturaleza", un hombre de simpatía arrolladora muy cercano al pueblo, que encontró en él, a través de sus interpretaciones musicales y cinematográficas, una forma de validar sus propias tradiciones.

Desde la presentación del libro *Pedro Infante: El máximo ídolo de México, vida, obra, muerte y leyenda,* en la ciudad de Monterrey, el 24 de julio de 1992, y tiempo después en la ciudad de México y en Mérida, Yucatán, comenzó un movimiento creciente dentro del ámbito cultural mexicano: reconocer a Pedro Infante como la máxima figura de la industria fílmica y musical de nuestro país.

Desde un principio aquella obra tuvo una excelente acogida, y, apartir de entonces, el tema ha corrido con tan buena fortuna que para corresponder a gran cantidad de sugerencias este material se ha renovado para profundizar en la historia del ídolo. Con ello satisficimos, hasta donde fue posible, las solicitudes de los lectores. Así, además de actualizar la información, se han incorporado testimonios familiares, recuerdos de amigos y registros de los medios, incluyendo lo medular de algunas pláticas y conferencias en las que he participado, tanto en foros de nuestro país como en Estados Unidos, específicamente en Milwaukee y en Wakesha, Wisconsin. En este sentido, no se debe pasar por alto que el acervo bibliográfico sobre la vida del artista ha crecido de manera significativa en los últimos veinte años y, desde luego, nos ha servido para enriquecer algunos aspectos de esta nueva versión renovada y actualizada.

El libro está estructurado en siete capítulos; el primero, "Yo soy quien soy", es una presentación general que explica la importancia de su obra e intenta describir, en forma somera, su relevancia como fenómeno social, cuya presencia aún perdura. El segundo, "Orgullo ranchero", describe brevemente su nacimiento y algunos pasajes destacados de su infancia y juventud en Sinaloa; sus primeros trabajos en Rosario, Guamúchil y Culiacán. Aparecen también sus inicios en la música, su participación en algunas orquestas de su estado natal y sus primeros triunfos en la radio sinaloense. Antecedentes de lo que sería una creciente actividad musical, en la que su sólida preparación terminaría por abrirle las puertas del espectáculo a los pocos meses de su llegada a la capital del país.

Los capítulos tercero, "El muchacho alegre", y cuarto, "Doscientas horas de vuelo", abordan su ascenso y consolidación como la principal figura nacional del espectáculo y con tremendo impacto internacional, lo que ya se perfilaba desde sus primeras películas y grabaciones. Se incluyen, además, diversas anécdotas que ilustran su intensa vida personal.

En el capítulo quinto, "Que me toquen 'Las Golondrinas'", se analiza la impresionante conmoción social que ocasionó su muerte, las características del fatal accidente aéreo, así como el surgimiento del mito que, aun en el nuevo milenio, sigue manteniéndose como una referencia imprescindible en el gusto de los mexicanos.

En el capítulo sexto, "Tú sólo tú", se hace una reflexión acerca de la personalidad de Pedro dentro del contexto cultural de nuestro país y se rescata, dentro de una vasta literatura de análisis, lo escrito por distinguidos intelectuales que coinciden al reconocer su valía. Asimismo se mencionan algunos otros datos sobre su vida, que confirman su enorme presencia durante toda la segunda mitad del siglo XX e inicios del XXI. Finalmente se hace un reconocimiento a la amistad con Ismael Rodríguez.

En el último capítulo, "Vida del artista", se incluye una amplia relación de su obra fílmica y discográfica, e información relevante sobre su obra.

Gracias, Pedro, por darnos tanta alegría y ser un ejemplo de sencillez, pues incluso para las nuevas generaciones te has convertido en una presencia familiar en la que te reconocen como uno de los representantes más auténticos de sus raíces y con elevada mexicanidad.

Lupita Infante con una botella de tequila Pedro Infante.

Agradecimientos

Agradezco a los periódicos *Reforma, El Norte* de Monterrey, *El Universal, La Prensa, Excélsior,* por darme acceso a su importante acervo documental y fotográfico. A mis amigos Chucho Gallegos y Armando Zenteno; este último por su apoyo y su cariño fraterno al ídolo. Igualmente a los periodistas Ricardo Perete Gutiérrez, Sally de Perete, Silverio Cacique y Claudia Carrillo, por sus frecuentes artículos; y a todos los medios de información de la capital que, en vísperas de sus aniversarios luctuosos y días después, suelen dedicar amplios espacios a Pedro, en los que se maneja un gran cúmulo de valiosa información. Por supuesto a mi gran amigo Alberto Carbot, Director General de la revista *Gente Sur,* por sus brillantes artículos y reportajes periodísticos sobre el ídolo que desde 2007 ha realizado con elevado sentido de la investigación periodística.

Desde los años setenta y hasta los últimos días de su vida (1998) en el desarrollo de mi investigación sostuve infinidad de pláticas directas con mi padre, José Delfino Infante Cruz, con quien analicé los nuevos datos disponibles y realicé una revisión exhaustiva del material de esta obra.

Por supuesto, antes de su fallecimiento, conversé ampliamente con mi tío Ángel Infante Cruz, quien me aclaró algunas dudas sobre los temas relacionados con su infancia, adolescencia, vida artística y el fatal día en que fue por los restos de su hermano. En este sentido, agradezco mucho a mi tía Carmela Infante Cruz, quien, en su mo-

La familia Infante.

mento, me relató incontables vivencias familiares que tuve la oportunidad de grabar. También le doy las gracias a mi tía Socorro Infante Cruz, por compartir sus dulces recuerdos familiares conmigo.

Quiero destacar la investigación realizada por mis hermanas, Belinda Infante Quintanilla y Gabriela Mejía Quintanilla, en la ciudad de Monterrey y algunas otras partes del país, con el afán de recabar información veraz, estableciendo contacto, por ejemplo, con algunos distinguidos regiomontanos como don Plinio Espinoza, importante personaje dentro de la historia de las comunicaciones. También en la Sultana del Norte destacan las remembranzas de los clubes de fans, uno encabezado por la señora Dora Elisa Salazar Silva y, otro, por Alfredo Haros. Sin olvidar el programa que se transmite de 6:00 a 10:00, por la frecuencia

600 de A.M., La Regiomontana, conducido por Eduardo Becerra González. Asimismo, agradezco a mi querido amigo el tenor Roy Guerra su apoyo en la investigación en dicha ciudad y en su querido Tamaulipas, estado que Pedro visitaba con frecuencia.

Quiero agradecer a los investigadores José Luis Paz Galán, Mirna Laura Morales Bello, Gloria Martínez Zamudio, María Soledad Molina Madrigal y Facundo Ortiz Palafox, por sus muchísimos viajes a la Cineteca Nacional, a la Biblioteca Nacional y a la Hemeroteca de la Secretaría de Hacienda y Crédito Público y de El Colegio de México, así como por haber efectuado diversas entrevistas a conductores, periodistas y miembros del Club de Admiradores de Pedro Infante.

Igualmente quiero reconocer la generosidad de mis primos Lupita y Pedro Infante Torrentera por facilitarme material inédito y contarme algunas de sus hermosas vivencias con su padre, así como a mi querida tía, Lupita Torrentera Bablot, a quien agradezco sus agradables confidencias sobre su relación personal y su idilio con Pedro; sin olvidar la valiosa información que me facilitó René Infante y su esposa Alma, y con especial aprecio a mis primos Irma, Sonia, Toño, Luis, Walter, Cecilia, Carlos Bertrand Infante, Fausto, Guillermo y Raúl López Infante. Asimismo, mi infinito agradecimiento a mi hijo, Ernesto Infante Barbosa, por la serie de investigaciones directas, así como en el ciberespacio que me hizo favor de verificar, confirmar y actualizar de manera profesional.

Mi más profundo agradecimiento al gobierno de Nuevo León, que alguna vez nos facilitó la Biblioteca Central del Estado, en la ciudad de Monterrey, para llevar a cabo algunas pláticas sobre este texto; a los comentaristas Andrés Bermea Pérez Avila, Roberto Escamilla Molina, a la inolvidable Tucita, María Eugenia Llamas, a mi primo Pedro Infante Torrentera, así como a mi padre Pepe Infante, que en esa ocasión nos acompañó. Mi gratitud al arquitecto Héctor Benavides por sus entrevistas en su programa de noticias del canal 12 de Monterrey.

Recuerdo con afecto a mis grandes amigos Gonzalo Castellot, Fernando Tovar y de Teresa, a la destacada escritora Guadalupe Loaeza Tovar, al inolvidable Pedro de Urdimalas, y Julio Alemán, quienes participaron con valiosos testimonios en algunas pláticas sobre nuestro personaje.

Agradezco también al gobierno del estado de Yucatán, en particular al Instituto de Cultura que nos brindó las instalaciones de la Casa de la Cultura del Mayab de la ciudad de Mérida, para realizar un emotivo evento, el 14 de agosto de 1992, así como al museo de la canción yucateca donde se realizaron homenaje y presentación del presente libro en abril y julio de 2007, donde se contó con el valioso apoyo de don Andrés García Lavín, don Juan Dutch, don Álvaro Peón de Regil y de don Mario Esquivel y con la excelente conducción de don Luis Pérez Sabido.

El 10 de enero de 1993 se celebró una agradable jornada en el Centro Cultural Navarrete, gracias al apoyo del Instituto de Antropología e Historia del Estado de Colima y al canal 5 de esa ciudad. Mi reconocimiento a Gonzalo Castellot por su invaluable participación.

Agradezco a la Asociación de Profesionistas de Nuevo León radicados en el Distrito Federal, al gobierno del estado de Nuevo León, así como al Centro Neolonés en la Capital y al Instituto de Economistas Neoloneses en el Distrito Federal, por su apoyo para realizar una charla en la ciudad de México, el 27 de enero de 1993, y muy en particular a mi amigo Agustín Basave Benítez. Mi reconocimiento a Silvia Pinal y a don Eulalio González, Piporro.

Silvia Pinal, José Ernesto Infante Quintanilla, Rosy Barbosa Escalante, Irasema y Ernesto Infante Barbosa, en la presentación del libro en el Centro Neoleonés en el D.F., noviembre de 1993.

En ese evento estuvo mi padre, Pepe Infante, como invitado de honor.

Nuestro profundo agradecimiento al gobierno del estado de Tamaulipas, pues a través del Consejo Estatal para la Cultura y las Artes del estado, el 19 de marzo de 1993, nos facilitó el Auditorio del Centro Cultural Tamaulipas para realizar, entre otras actividades, una plática sobre el ídolo, en la que destacaron los comentarios de Arturo Costilla Alva. Al tenor Roy Guerra, gracias de nuevo, por su participación.

Hubo muchas otras presentaciones y pláticas sobre este trabajo, que rebasaron todas nuestras expectativas. Recuerdo el Festival Cultural Universitario de Guanajuato, en abril de 1993 y la Feria Internacional del Libro en Guadalajara, en septiembre de ese mismo año. En este sentido

Presentación en Bellas Artes del libro *Pedro Infante. El ídolo inmortal* (primera edición) publicado por Océano, con mi madre, hijos y hermanos el 6 de octubre de 2006.

quiero destacar y agradecer a los organizadores de La Fiesta Mexicana, que cada año se lleva a cabo en la ciudad de Milwaukee, en los Estados Unidos, quienes realizan un festival donde siempre se recuerda al ídolo. También a don Anselmo Villarreal Montemayor, por sus frecuentes invitaciones a La Feria Mexicana de Waukesha, Wisconsin.

Nuevamente mi profundo agradecimiento al Gobierno del Estado de Nuevo León por facilitarnos, en julio de 2006, el Teatro de la Ciudad, para realizar una magna presentación del presente libro, donde se contó con la presencia de mi prima Lupita Infante, de don Romeo Flores Caballero y de don Alfonso Castillo Burgos.

Es importante mencionar que el 6 de octubre de 2006, el Consejo Nacional de la Cultura y las Artes, (Conaculta) nos apoyó para presentar en Bellas Artes, en la

Sala Manuel M. Ponce, con lleno a reventar el presente libro y en donde hizo cariñosos comentarios personales Lupita Torrentera y testimonios invaluables de mi estimadísimo amigo Fernando Tovar y de Teresa, así como el destacado periodista de espectáculos Chucho Gallegos, sin omitir las auténticas y singulares aportaciones de la gran escritora Guadalupe Loaeza. A todos ellos mi más profundo agradecimiento.

En este contexto, agradezco profundamente a la Asociación de Mazatlecos radicados en el Distrito Federal por los sendos homenajes y pláticas sobre el ídolo en sus agradables reuniones mensuales, durante febrero de 2010 y agosto de 2013.

No debo dejar de mencionar la gran cantidad de información desde la más básica hasta de carácter científico, inédita y documental que en estos días se presenta en las redes sociales, que incluso sobrepasa las fronteras.

En este sentido agradezco a una serie de páginas de Facebook, como la de mi querida prima Lupita Infante Torrentera y de Ismael Rodríguez Jr., que mantienen y reciben mucha información y fotografías, así como importantes comentarios; la de "L Dante S ch" con excelentes aportaciones y fotografías en su página: "Pedro Infante Cruz y su vida cantada en fotografías"; asimismo las diversas fuentes de información en estas redes como la que ofrece Héctor Bueno y Mireya Sugey, así como analistas e historiadores de países como Venezuela, Perú, Costa Rica, Estados Unidos y muchos más donde destacan las aportaciones fotográficas y documentales de la presencia de Pedro Infante en América Latina, como es el caso de Luis Baca Díaz, Antonio Mota y Óscar Alfredo Larios Dávila, entre muchos más. A todos, muchas gracias por sus valiosas aportaciones y comentarios.

Con mis adoradas Lupitas.

No quisiera dejar de mencionar mi gratitud a Editorial Océano y a su profesional equipo de trabajo, particularmente a Guadalupe Ordaz por sus atinadas sugerencias y observaciones; pero, sobre todo, por darme la oportunidad de publicar la vida de Pedro Infante Cruz, un personaje querido y admirado por muchos mexicanos.

Por último, pero no en último lugar, agradezco en todo lo que vale la colaboración de Lourdes Lorena Puerto Zapata quien tuvo a su cargo la paciente labor de capturar la información y revisarla. Por supuesto, a José Luis Alejandre Osornio y Raúl Jiménez Fernández, quienes me ayudaron a revisar la estructura de este libro y muy en especial en estos últimos tres años a Rocío Guadarrama Vázquez, por su valioso apoyo en el ciberespacio al mantener actualizada la información básica del ídolo en diversas páginas, así como por su escuchado programa de radio, vía internet y, finalmente, a mi asistente Lilia Acosta Guerrero, gracias por su apoyo en esta revisión y captura del libro. Aunque la responsabilidad total de esta obra es del autor.

1. YO SOY QUIEN SOY

Pedro Infante fue la expresión cumplida de un sueño de la provincia mexicana de inicios del siglo XX, que encumbró a una personalidad irrepetible. Aun hoy, la vitalidad y alegría que transmite a través de sus personajes cinematográficos y los inigualables matices de su voz, han hecho que la mayoría del público encuentre en él virtudes y afectos que hacen llevaderas las dificultades cotidianas y, por momentos, ha fortalecido la esperanza de muchos para triunfar y salir adelante.

Su trágica muerte, ocurrida el 15 de abril de 1957, marcó el fin de una época entrañable en la historia de la cultura popular. Sin embargo, dio inicio a la leyenda de una de las grandes figuras artísticas de México. Porque su vigencia y popularidad persiste entre los grandes públicos de América Latina. Incluso en España, país que no alcanzó a conocer, su nombre está unido al recuerdo de dos grandes divas: Carmen Sevilla y Sarita Montiel, y a otros grandes actores de la época. La televisión española, y otras cadenas como Univisión y Galavisión, han transmitido sus filmes y, al referirse a Pedro, han reconocido en él a un representante auténtico del arte y folclor nacionales.

Ante los medios

Desde la época de oro del cine mexicano, la figura de Pedro Infante ha ocupado importantes espacios en la prensa, radio y televisión. Y al iniciar el nuevo milenio, notables intelectuales lo incluyen en la lista de los diez mexicanos más significativos y, sin duda, como el de mayor popularidad del siglo xx.

En abril de 1993, al celebrarse el 36° aniversario luctuoso del artista, Ricardo Rocha dedicó la totalidad de su programa *En Vivo* a la memoria de Pedro, invitando a diversas personalidades para recordar algunos aspectos de su trayectoria. En esa transmisión destacó una ingeniosa entrevista virtual realizada por el propio Ricardo, así como una mesa redonda formada por artistas, directores de cine e intelectuales, que disertaron sobre la sólida vigencia de Pedro en los medios, así como sus innegables aportaciones a la cultura popular.

Al ser entrevistado por Ricardo Rocha, Sealtiel Alatriste y Adela Micha, el que esto escribe tuvo la oportunidad de conversar sobre este trabajo. Don Ismael Rodríguez, presente en esa ocasión, y una de las personas más importantes en la vida artística y personal de nuestro personaje, tuvo la gentileza de hacerme algunas atinadas observaciones y sugerencias.

En 1994, en el famoso Boulevard de las Estrellas en Hollywood, Cal., se develó una placa y resultó un acontecimiento histórico, pues además de ser un reconocimiento a un actor que nunca trabajó en la Meca del Cine, fue evidente el afecto que le tiene el público mexicano-estadunidense. Esto ha dado lugar a que en diversas ciudades de la Unión Americana se organicen con frecuencia tumultuosos homenajes a su memoria, y se conmemoren sus aniversarios luctuosos.

En agosto de 1999 fui a dar algunas conferencias, invitado por la comunidad hispana estadunidense de la ciudad de Milwaukee, Wis., lugar donde, cada año, se realiza la Fiesta Mexicana más grande de los Estados Unidos, la cual congrega, durante varios días, a unas 300 mil personas. En aquella ocasión, dentro de sus múltiples programas, se organizó un homenaje dedicado al ídolo, con audiencias a reventar. Guardo el recuerdo conmovedor de una niña, de quizá 10 años, que me preguntó: "¿Por qué siendo tan popular, Pedro no hace presentaciones personales en Milwaukee?". Le contesté que muy pronto.

Aquí es importante recordar que, entre 1944 y 1956, sus giras en los Estados Unidos fueron impresionantes. Sus presentaciones en el teatro Million Dollars de Los Angeles, siempre con llenos completos, fueron tan exitosas que algunos productores estadunidenses y nacionales iniciaron importantes proyectos fílmicos para reunir a Pedro con las grandes figuras de Hollywood, entre las que se mencionaba a John Wayne, John Derek, Kirk Douglas, Marlon Brando, así como Joan Crawford y Marilyn Monroe. En su momento, esta posibilidad estuvo realmente cerca, pues su indiscutible desempeño profesional se refleja en las 61 películas que filmó, 55 de ellas en papel estelar, y en el reconocimiento póstumo, en marzo de 1958, por el cual obtuvo el Oso de plata de Berlín, como el mejor actor del mundo, presea otorgada por su actuación en *Tizoc,* y que recibieron, en su nombre, Ismael Rodríguez y Antonio Matouk.

En época más reciente, en junio de 2001, la periodista Paula Campodónico, acompañada por el equipo técnico del canal 4 de la televisión argentina,[1] visitó México y efectuó una investigación de varias semanas, durante las cuales entrevistó a familiares, directores de cine, gente de radio difusoras y disqueras, junto con algunas otras personas vinculadas con Pedro, para realizar un programa especial acerca de su trayectoria artística.

Incluso el mundo académico ha reconocido su trascendencia en la vida del país. El Colegio de México, por ejemplo, en su *Historia general de México,* consigna lo siguiente en la página 1526: "Fecha histórica: 25 de marzo de 1948, se estrena en el Cine Colonial de la ciudad de México *Nosotros los pobres* [...] este cine lacrimógeno, divertido, visceral y sangrante [...] se convirtió en una tremenda fuerza social [...]"

Los homenajes

Al iniciar el siglo XXI, los homenajes por su aniversario luctuoso, en la capital de la república, particularmente en el Panteón Jardín, siguen creciendo, año con año, el número de visitantes; se encadenan las televisoras y la radio para narrar al público los pormenores del evento; asimismo, en la Delegación Cuajimalpa, los festivales en su memoria promueven un desfile de artistas y cantantes consagrados.

En abril del 2003, la capital del país se vio inundada de carteles que anunciaban un ciclo cinematográfico excepcional: "Pedro Infante, vuelve". Organizado por Conaculta, en ese evento se proyectaron seis de sus películas más memorables: *Nosotros los pobres, Ustedes los ricos, Pepe el Toro, Los tres huastecos, Dos tipos de cuidado* y *La mujer que yo perdí,* remasterizadas digitalmente. Y las nuevas generaciones las pudieron disfrutar en la pantalla del Auditorio Nacional. Nuevamente se impusieron récords de asistencia, y el público se entretuvo, además, con algunas imágenes y escenas inéditas.

También en el 2003, se llevaron a cabo importantes homenajes, entre los que destacan el organizado por Dora Elia Salazar, presidenta de un importante club de admiradores, en Villa Guadalupe, Nuevo León, en el que se realizó un concurso para descubrir la voz más parecida a la de Pedro. Asimismo, La Regiomontana, estación del norte del país, llevó a cabo en la Macro Plaza, en la ciudad de Monterrey, un festival animado por el popular locutor Eduardo Becerra González. Por su parte, la Universidad Autónoma de Nuevo León, dispuso su Aula Magna para celebrar un recital en recuerdo del ídolo, organizado por el señor Alfredo Haros, con lleno completo.

En diciembre del mismo año, y de nuevo en el Aula Magna de la Universidad, se presentó exitosamente *El cancionero de Pedro,* una cuidadosa recopilación de todas sus grabaciones —en Peerles y la RCA Victor— y de los temas de sus películas. Trabajo realizado por Carlos González de León.

Nuevamente, en abril de 2004 y 2005, en Monterrey y Ciudad Guadalupe, N. L., sobresalieron los homenajes organizados por los presidentes de los clubes de admiradores, con el apoyo de las autoridades municipales, sobre todo los eventos realizados en el teatro Sara García y en el Centro de Convenciones Buenos Aires, de Ciudad Guadalupe y en el auditorio de la CTM. En abril de 2005, en la ciudad de Mérida, independientemente del festejo tradicional a su persona, se realizó una concurrida carrera atlética (10 km) en diferentes categorías. Lo anterior son hechos que se repiten año con año en distintas ciudades del país y del extranjero y que en estos días (2014), sigue en considerable aumento y organización.

Sin duda Pedro Infante, se ha constituido como el mexicano más destacado de los últimos 60 años que se ha mantenido contundentemente dentro del gusto popular como el personaje más querido e idolatrado del país y esto se confirma cuando muy recientemente pasó lo siguiente: "el segundo lugar lo ocupó un héroe de otra índole: Pedro Infante, idolatrado por los mexicanos como el actor y cantante más famoso de la Edad de Oro del Cine mexicano" que realizó History Channel en el programa *El gran mexicano* en el año 2010, para conmemorar el Bicentenario de la Independencia de México y en el cual participaron todos los grandes mexicanos, de los últimos 200 años, de diversas categorías (héroes patrios, expresidentes, artistas, intelectuales, escritores, políticos, deportistas, etc.). Solo superado por el expresidente Benito Juárez, Benemérito de las Américas, en la encuesta que se realizó para llevar a cabo dicha investigación.

Pionero de las campañas altruistas

Dentro de la historia de la televisión mexicana, el primer maratón televisivo, celebrado el 23 de octubre de 1954, fue un acontecimiento sin precedentes. En él se solicitó ayuda económica al público para las obras de mantenimiento de la Basílica, y el acontecimiento marcó un hito en la historia de la televisión. Pedro fue el conductor y protagonista del evento, en el cual se mantuvo por 28 horas ininterrumpidas conduciendo, cantando y presentando a los compañeros del medio que lo apoyaron para cumplir con su objetivo. Al recaudarse un monto mayor a la meta propuesta, el hecho sentó las bases de lo que, con el tiempo, vendría a consolidar la labor altruista de 10 que en la actualidad conocemos como Teletón.

Discos y radio

En lo que concierne a su discografía es importante señalar que Pedro Infante, antes de arribar a la capital, ya se perfilaba como un destacado músico y cantante en su natal Sinaloa. Desafortunadamente, de su paso por la orquesta Estrella y sus presentaciones en la XEBL de Culiacán, no quedó

"Vota: Pedro Infante". Segundo lugar en popularidad en 2010.

grabación alguna, aunque sí testimonios documentales y fotográficos de esta importante etapa de su vida artística.

Al llegar a la capital, en 1939, a pesar de sus 22 años de edad, ya era un músico talentoso, con experiencia y grandes deseos de triunfo. Es así como se explica que durante 1940-1941 y parte de 1942 fuera director de orquesta y crooner de prestigiados centros nocturnos como el Waikikí, el Salón Maya y el Tap-Room —los dos últimos del Hotel Reforma—, y sus firmes inicios en la radio, en la XEB.

Aunque ya había cierto contacto con los discos y se habían realizado algunas grabaciones para películas, el conocer a don Guillermo Kornhauser, director de Discos Peerles, en 1943, constituyó un paso definitivo en su vida profesional, pues el 29 de octubre de ese año graba en esa disquera sus primeras canciones: "El durazno", "Ventanita de oro", "El azotón" y "El soldado raso"; días después, el 5 de noviembre, graba los valses: "Mañana" y "Rosalía".

A principios de 1944, se transmite por la radio "Mañana", la primera canción dirigida a todos los radioescuchas del país. De ahí en adelante, durante catorce años, grabó 333 canciones en el estudio de Peerles y más de 80 pistas para películas, que después se incluyeron en discos. Grabó canciones de más de 170 compositores tanto mexicanos como extranjeros. La canción "Viva mi desgracia", grabada en 1945, fue la primera de éxito nacional y de importante trascendencia internacional.

Entre los compositores que más grabó, destacan José Alfredo Jiménez, su compadre querido, Cuco Sánchez, Agustín Lara, Ernesto Cortázar, los Cuates Castilla, Pedro de Urdimalas, Chucho Monge, Gilberto Parra, Felipe, el Charro Gil, Rubén Méndez, Rubén Fuentes, Alberto Cervantes, Claudio Estrada, Consuelito Velázquez y Luis Pérez Meza, entre otros.

Es importante precisar que, sobre todo en sus inicios, su arreglista y maestro fundamental fue, sin lugar a dudas, don Manuel Esperón, orgullo nacional y personaje consagrado en la historia musical de México, quien le musicalizó más de cincuenta temas.

El primero de diciembre de 1956 acudió, por última vez, a los estudios de grabación para terminar las cuatro últimas piezas que integrarían su último LP: "La cama de piedra", "Corazón apasionado", "Pa' que sientas lo que siento" y "Ni el dinero ni nada".

Aunque grabó obras de diversos autores yucatecos, antes de morir estaba preparando un fino trabajo más completo de música y temas de Guty Cárdenas, que solía interpretar en sus presentaciones pero que no había tenido la

Ruy Guerra, Manuel Esperón y José Ernesto Infante Quintanilla.

oportunidad de grabar. No le alcanzó el tiempo, pero nos imaginamos lo grandiosa que hubiera sido esta producción, pues aún se recuerdan sus conciertos en el Teatro Peón Contreras de la Blanca, ciudad de Mérida.

Tan sólo en 1950 grabó 55 canciones, que aún hoy son éxitos. En ese año destaca la grabación de las tradicionales "Mañanitas", melodía que se escucha día con día en los hogares mexicanos; con toda seguridad la canción más vendida en la historia del disco en México.

A la fecha, y como resultado de la tecnología de punta, este acervo discográfico ha aumentado su calidad, ya que existen nuevos discos compactos remasterizados, con muy buena instrumentación y sonido digital. Como ejemplo de ello están los interesantes trabajos de Rubén Fuentes, que junto con la disquera, liberaron una excelente producción de boleros a fines del año 2001, que nuevamente rompió récords de ventas. Lo mismo ocurrió con la excelente producción de Manuel Mijares, "Querido amigo", liberada en 1997, además de las grabaciones de la Banda El Recodo, la Banda Machos, la Rondalla Venezolana, la Rondalla de Saltillo y, sobre todo, los de Imágenes.

En la radiodifusión nacional, independientemente de las transmisiones dedicadas a Pedro y la música de catálogo, en la ciudad de México existió un magnífico programa conducido por Arturo Cortez, que tuvo un elevadísimo rating, y ha sido considerado el de mayor permanencia en el mundo, pues se mantuvo al aire ininterrumpidamente durante medio siglo, de 8:00 a 9:00 y de 22:00 a 23:00 h, lo que significa más de 21,000 programas continuos por la frecuencia 1410 A.M. todo un récord mundial. Desafortunadamente en enero de 2013, este increíble récord de casi 60 años fue cancelado cuando la estación de radio retiró la hora de Pedro Infante.

Inolvidable presencia popular

A más de medio siglo de su ausencia sigue siendo uno de los personajes más queridos y populares de México; recordado con cariño y admiración por el pueblo, que no lo olvida y sigue atento a cualquier noticia que se refiera a él; su permanencia es explicable por su indiscutible carisma y la enorme entrega en sus interpretaciones. Su alegría, romanticismo y peculiar estilo de vida, han sido elementos de identificación para muchos sectores del público.

No parece lejano el lunes santo más recordado por el pueblo de México, uno de los días más tristes de nuestra historia reciente. El país se vistió de luto por la pérdida de su artista más querido. Sin embargo, sigue vivo su recuerdo en el corazón del pueblo, al que le cantó y dedicó siempre lo mejor de él, y con quien se identificó plenamente, pues aun estando en la cima del triunfo, fue un personaje sencillo y humilde.

Esa afinidad y cariño hacia su pueblo, lo encumbraron más allá que a cualquier otro personaje artístico de nuestro país. Ese romance con el pueblo de México ha durado más de 60 años, y se reafirma permaneciendo viva su presencia, incluso entre los jóvenes que nacieron muchos años después de su fatal partida y que han sucumbido a su irresistible personalidad.

Su trato sencillo, su voz inigualable y sus grandes cualidades como ser humano serán el tema de las páginas que siguen, pues este trabajo intenta ser un modesto homenaje a su memoria, un agradable arcón de recuerdos para quienes lo conocieron como hombre y como artista, y un importante acervo de anécdotas y referencias para que las nuevas generaciones ahonden en la vida de este mexicano que no tiene parangón.

La imagen que cautivó al público.

2. Orgullo ranchero

En Mazatlán, Sinaloa, en la calle Constitución número 88, existe una casa que es una de las referencias más entrañables para los lugareños. Y es que precisamente en ese domicilio, después de nueve años de matrimonio, don Delfino Infante García y doña María del Refugio Cruz Aranda, fueron los felices padres de quien, con el tiempo, habría de ser la gran figura del espectáculo en México. Como constancia de este hecho, existe una placa conmemorativa que señala: "Homenaje de sus paisanos mazatlecos al ídolo Pedro Infante Cruz, que nació el 18 de noviembre de 1917".[1]

Quince días después del nacimiento, la familia Infante Cruz cambió su domicilio a la calle de Camichín número 508, ahora calle Carvajal, a tan sólo media cuadra del anterior, por lo que al registrar al recién nacido, en el acta se asentó este domicilio. Aquí cabe señalar que aunque nació en Mazatlán, él mismo pregonaba ser originario de Guamúchil.

En la actualidad esa casa es habitada por la familia Arteaga Cervantes, propietaria de lo que ahora es un sitio de interés para los visitantes y motivo de orgullo para los mazatlecos.[2] Aunque no es el único lugar donde se recuerda a Pedro, también en el malecón, por la zona de Olas Altas, se encuentra una estatua suya donde aparece como oficial de tránsito, en motocicleta, justo como en la cinta *A toda máquina*. Este monumento fue inaugurado en abril del 2004.

De aquí para allá

Aunque la familia Infante Cruz permaneció por algún tiempo en Mazatlán, a principios de 1919 don Delfino obtuvo una oportunidad de trabajo con mejores condiciones y, junto con su familia, fijó su residencia en Guasave, lugar donde dio clases particulares de música y tocó en la orquesta de la ciudad. Más tarde, durante los primeros meses de 1920, se trasladaron a Rosario, Sinaloa. Esto aconteció cuando Pedro era un niño de unos tres años.

Pedro fue el tercero de quince hermanos, de los cuales sobrevivieron nueve. El orden de nacimiento es el siguiente: María del Rosario(†), Ángel(†), Pedro(†), María Carmela(†), María Concepción, José Delfino(†), María Consuelo, María del Refugio(†), María del Socorro.

Resulta interesante advertir que todas sus hermanas tienen el nombre de María, lo cual nos confirma que la familia Infante Cruz era muy apegada a las tradiciones religiosas de la época.[3] Fue un periodo difícil, pero contaron con el apoyo de sus abuelos paternos y maternos, originarios, por cierto, de Rosario.

Los padres de don Delfino fueron Eleno Infante y Sinforiana García, y los de doña Refugio, Domingo Cruz y Catalina Aranda.

Su abuelito Domingo se dedicaba a hacer velas, así como trabajos de carpintería, y en sus ratos de ocio departía con las muchachas de la localidad, alegre afición que terminó por darle una reconocida fama de enamorado. Las hermanas de don Domingo, por su parte, fundarían con el tiempo las conocidas familias Manjarrez, Cristerna e Ilazaliturri.[4]

La inestabilidad política de la época y el aumento de la familia provocaron carencias, pero los Infante se las arreglaban; don Delfino cubría el sustento diario con sus ingresos como maestro de música y como integrante de alguna orquesta o banda musical. Doña Refugio también contribuía al gasto familiar haciendo labores de costura, oficio en el que tenía un gran prestigio, por lo mismo la gente de la localidad solicitaba sus servicios, para arreglar o hacer alguna prenda de vestir. De hecho, mucha de la ropa que utilizó su hijo Pedro, ya sea en su vida diaria o en los escenarios, fue confeccionada por ella.[5]

Recuerdos de Guamúchil y Rosario

La movilidad de la familia Infante Cruz fue constante, debido a ello se les conocía por muchos de aquellos rincones de Sinaloa.[6] En 1926 la familia se estableció en Guamúchil, Pedro contaba entonces con 8 años de edad, y en ese lugar, en la escuela municipal, terminó sus estudios primarios de tercero y cuarto grado,[7] antes había ido a la escuela en Rosario, donde por cierto, fue su propio hermano Ángel quien lo inscribió en la escuela Benito Juárez, de la que era director, en aquella época, el profesor Julio Hernández y según se recuerda sus maestras de primero y segundo grado fueron Agripina Ramírez y Angelina Otañez, respectivamente.[8]

Como ocurre en toda familia tradicional de la provincia mexicana, Pedro, a finales de los veinte, era ya uno de los mayores, razón por la cual, en determinados momentos, tenía que hacerse cargo de sus hermanos más pequeños, una tarea que cumplía con agrado, pero que le hacía pasar grandes apuros cuando en la cartelera del único cine de Guamúchil se anunciaba alguna nueva película, sobre todo si era de vaqueros y más aún si se trataba de una cinta de Tom Mix, su héroe favorito, su ídolo. Asistir a la función se convertía entonces en un verdadero desafío contrarreloj, porque sabía que cualquiera de sus padres le saldrían con la misma objeción de siempre:

—Tú de aquí no me sales hasta que se duerman tus hermanos.

Ante el paso inexorable de los minutos, su angustia iba en aumento. Arropaba a los pequeños, buscaba muñecos, los amenazaba, pedía silencio, los mimaba, pero no terminaban por caer en el sueño profundo, tan necesario para llegar a tiempo a la función. Siempre ocurría que algunos seguían inquietos y dando lata. Forzado por estas circunstancias, en ocasiones desesperadas hacía un muñeco de un medio metro, con cualquier cosa que tuviera a la mano, lo enredaba en trapos y lo amarraba con una cuerda por fuera de la ventana del cuarto. Entonces, con las luces apagadas y voz tenebrosa, les advertía a los más obstinados:

—Si no se duermen, va a llegar la Buba y se los va a llevar. Ya anda por allá afuera buscando chamacos berrinchudos que no se quieren dormir.

—¿Y a ti por qué no te lleva... a ver? —lo interrogaba alguien en la oscuridad.

—Sí, a ver... a ver... —le insistía otro.

—¡Porque soy más grande que ustedes y a mí me respeta!

En ese momento, disimuladamente jalaba un poco la cuerda para dejar entrever el esperpento a través de los cristales y les advertía:

—La única manera de salvarse de sus garras es cerrando los ojos fuerte y no abriéndolos hasta mañana cuando amanezca.

Todo este escenario y actuación especial tenían el único propósito de poder salir corriendo hasta el cine y no perderse las aventuras del legendario Tom Mix. Cándidas travesuras que tal vez anunciaban al artista en ciernes.

Aun siendo un muchacho inquieto, también era responsable, y a los 9 años buscó sus primeros ingresos para contribuir a los gastos familiares. Sobre esto es necesario precisar que Pedro, desde muy pequeño, tuvo una mística filantrópica que puede resumirse en tres palabras "don para ayudar", razón por la cual prodigaba generosamente sus atenciones a sus padres y hermanos, o a quien pudiera brindar un servicio o una ayuda económica.

El amor a su sangre, a su gente, lo dejó plasmado no sólo en el apoyo que siempre representó para su familia, sino también en quienes recibieron innumerables beneficios de su parte, gracias a esa cualidad altruista que siempre lo caracterizó y seguramente aún aprecian y valoran la actitud de aquel benefactor desinteresado que estuvo presente en los momentos difíciles. Rasgos de bondad que en la actualidad ya no se dan con frecuencia.

Su primer trabajo fue de ayudante y "hacía de todo", con la familia de don Eduardo Angulo, cuya casa se encontraba frente a la estación de ferrocarril, relación que terminó en una gran amistad con él y con sus hijos. Precisamente Carlos Angulo aparece con Pedro en una fotografía escolar de tercer año de primaria.

Más tarde fue empleado de un importante negocio de productos agrícolas, denominado Casa Melchor, situado también cerca de la estación, en Guamúchil.[9]

De buena madera

Ya casi en la adolescencia, a principios de la década de los treinta, trabajó en la carpintería de don Jerónimo Bustillos, lugar donde consolidó los conocimientos de este oficio, en el cual lo había iniciado su abuelo materno, Domingo Cruz; actividad que nunca dejó de practicar y de la que siempre se sintió orgulloso, pues solía afirmar: "Me encanta aprender el oficio de Jesucristo".

Don Jerónimo fue para él como un segundo padre, que tampoco tuvo reparo alguno para enseñarle, además, los secretos de la ebanistería, en los que Pedro resultó tan hábil que él mismo se construyó su primera guitarra. Quizá como una forma de agradecimiento persuadió a Jesús (Chuy), hijo de don Jerónimo, para que también se hiciera una y lo animó a incorporarse a la actividad musical. Más adelante y como fruto de esa inolvidable amistad se hicieron compadres; incluso en muchas de sus presentaciones, Pedro acreditaba a Chuy Bustillos como el autor de la canción "Carta a Eufemia", aunque en el registro oficial de la disquera Peerles, el crédito es para Rubén Fuentes y Rubén Méndez.

Antes de seguir, me gustaría compartir con el amable lector la siguiente anécdota personal: en julio de 1994, en Ciudad Obregón, Sonora, hubo un agradable rencuentro con la familia Bustillos, en un torneo nacional de beisbol infantil; participaban el biznieto de don Jerónimo y mi hijo Ernesto, la reunión fue muy grata para todos; mi hijo defendía en esa ocasión los colores de la Liga Maya del Distrito Federal y el biznieto de aquel maestro ebanista participaba representando a Culiacán.

La palomilla

Pedro, desde su adolescencia, fue un buen conocedor de la música, logrando dominar en poco tiempo instrumentos de cuerda, de viento y percusión. El legado de su padre fue fundamental en esto, pues recordemos que don Delfino Infante era un experimentado músico profesional.

El barrio y los amigos también lo influyeron. En esos años, un personaje pintoresco de Guamúchil, cantor, anunciante, peleador callejero, de esos que entusiasman a los jóvenes, Félix Quintana, fue quien le enseñó las primeras canciones en guitarra. En esa época corría con suerte "El Alazán y el Rocillo", o "la de los caballos", como le decía él.

El Güero Román, famoso entre la palomilla de Guamúchil, también lo alentó a estudiar y practicar guitarra. Otro amigo leal y simpático, el Güero Venustiano Gaxiola, quien era propietario de una guarachería, enseñó a Pedro el oficio de peluquero y una vez que éste dominó el asunto, se dedicó a cortar el cabello en su casa, obteniendo con esto un ingreso complementario para el gasto familiar y personal.[10]

Otro amigo que merece ser recordado es Agustín Sánchez Camacho, quien vivía en el Rancho Majom, dentro del municipio de Guamúchil; ahí fue donde Pedro, todavía niño, jineteaba y trataba de dominar becerros. Popular entre los chamacos se divertía con todo tipo de juegos, en particular con el beisbol, que sigue siendo el deporte favorito de aquella región. Igualmente debemos mencionar a otros personajes de Rosario, como Carlos Hubbard, Fausto Miller, Rafael Carreón, Rogelio Mayoral y los Millán.

En sus inicios era tal su deseo de perfeccionar sus conocimientos sobre música, que buscaba quien lo ayudara a estudiar y practicar, así consolidó su amistad con don Carlos R. Hubbard, quien le dio clases de guitarra más profesionales, por lo que era frecuente verlo en Rosario, en la calle 22 de Diciembre, en el domicilio de su amigo, el mismo que con el tiempo llegaría a ser director de la estación radiodifusora XEHW.[11]

Entre hermanos

Ángel Infante nació el primero de octubre de 1914, en Acaponeta, Nayarit. Desde siempre constituyó un importante apoyo para Pedro, incluso en su posterior arribo a la ciudad de México, pues Ángel llegó primero, incorporándose a la Secretaría de Comunicaciones y Obras Públicas de aquel entonces, para trabajar en el tendido de carreteras como las de México-Puebla, México-Toluca y México-Pachuca.[12]

Una vez iniciados los éxitos, Pedro invitó a su hermano Ángel, en agosto de 1948, a trabajar con él en la película *Los tres huastecos,* donde lo dobló en el papel del sacerdote. A partir de entonces, don Ángel ingresó al ambiente artístico como prometedor actor y cantante. Filmó varias películas en papel estelar y otras compartiendo cartelera con su hermano, como en: *Por ellas aunque mal paguen, Los gavilanes, Martín Corona* y *ATM*.

Ángel Infante falleció el 15 de diciembre de 1987, a los 73 años, y de su matrimonio con Consuelo López tuvo seis hijos: Luis, Rubén, Ramiro, Sonia, Ángel y Antonio Infante López. Toño y Sonia con una destacada trayectoria en el cine y la televisión mexicana.

José Delfino Infante Cruz, mi padre, nació el 7 de octubre de 1924. Fue un hombre entregado por entero al deporte, se dedicó al atletismo, fue ciclista, fisicoculturista y, sobre todo, ejemplo de muchos que al igual que él deseaban forjarse dentro de una vida sana. En los cuarenta fue socio fundador del club deportivo Pedal y Fibra, en Mazatlán, asociación que aún perdura en aquellas hermosas tierras sinaloenses.

Pepe representó para su hermano Pedro no sólo un compañero en las grandes tareas sino un apoyo constante en los asuntos personales, logísticos, incluso en los que se involucraba su propia seguridad, pues no era fácil trasladar al ídolo a los lugares donde hacía sus presentaciones, considerando que ambos disfrutaban al convivir con su público.

Las presentaciones de Pedro Infante, sobre todo en la Plaza de Toros México, fueron históricas en este tipo de eventos en la ciudad de México, con entradas que rebasaron las 50 mil personas, así como en las inolvidables actuaciones de Pedro y Jorge Negrete, en el Teatro Lírico, que literalmente paralizaban el Centro Histórico de la capital, después de las cuales tenían que sacarlo en hombros, pues era arrollador el deseo del público de estar cerca de su artista favorito. Era entonces cuando Pepe, en todo momento, estaba al pendiente de su hermano. Estas históricas presentaciones en el Teatro Lírico, fueron de octubre a diciembre de 1952, con la finalidad de promover la película *Dos tipos de cuidado* que se estrenaría en noviembre de 1953.

Gracias a su gran parecido físico, lo dobló en algunas escenas de alto riesgo, en particular después del accidente de mayo de 1949. Además, fue quien representó a Pedro Infante en la película sobre su vida, rodada en 1961, como homenaje póstumo, *La vida de Pedro Infante.* Como consecuencia, esta cinta impulsó su vida artística, en la que mantuvo una actividad constante y decorosa.

Asimismo, fue parte esencial de todos los homenajes luctuosos a Pedro, verificados en el Panteón Jardín. Finalmente, el 10 de enero de 1998, falleció cumpliendo su deseo de estar al lado de los suyos.

Un hecho poco conocido es que en 1959 grabó un tema en discos Orfeón, como homenaje a su hermano, el cual fue compuesto por Teodoro Pinzón: "Pedro en las alturas".

Músico profesional

A principios de los treinta, cuando Pedro apenas era un adolescente, aunque ya con sólidos conocimientos musicales, fue invitado por su padre a integrarse a la orquesta La Rabia, donde tocó distintos instrumentos, en especial la guitarra y la batería. Don Delfino era el director y con este grupo solía amenizar algunos lugares en Guamúchil. Los fines de semana se trasladaban a Rosario, donde también padre e hijo realizaban agradables jornadas en la orquesta Borrego, que gozaba de gran popularidad por los hermosos rumbos de Sinaloa.

Apenas iniciaba 1934, cuando, nuevamente, la familia Infante Cruz decidió cambiar de domicilio. Esta vez a Guasave; don Delfino había conseguido la dirección musical de la orquesta de Luis Ibarra, un buen amigo y, además, compadre, que era el administrador del grupo y saxofonista de esa agrupación. Pedro se dedicó a tocar entonces tanto la batería como el violín. Esta versatilidad, obligada por los requerimientos del conjunto, acrecentó su entusiasmo por la música y los escenarios; no obstante, continuaba ejerciendo el oficio de peluquero y la carpintería para complementar sus ingresos.

Ese mismo año, cuando Pedro contaba con apenas 17 años, iniciaron para él las penas y las dichas del amor. Historias en apariencia sencillas, pero llenas de detalles novelescos.

En aquel entonces, Pedro era un joven pulcro, esbelto, con galanura varonil, que gustaba de andar bien vestido para agradar al público femenino, con el que tenía ya cierto cartel. En algún momento las circunstancias le fueron propicias e inició una relación formal con la señorita Guadalupe Márquez, bella joven de tez clara, cabello ondulado y ojos negros, a quien la apostura y plática agradable de Pedro habían terminado por conquistar. Al parecer todo marchaba sin mayor complicación, pero salió a escena un inesperado rival. Un tal Rodríguez, quien también quiso galantear a la muchacha. El tipo era muy violento y, durante un baile en el pueblo, no dudó en hacerse presente junto con cinco pistoleros para resolver aquel asunto de manera brutal. Apartó a Pedro de Lupita Márquez, lo amenazó de muerte frente a todos y, entre gritos y empujones, se robó a la dama. Se sabe que después de algunos meses Lupita y Rodríguez terminaron casándose.

A pesar de la triste experiencia, la vida siguió su curso y más tarde, en la cercana Guamúchil, Pedro inició un romance con la señorita Guadalupe López, el cual tuvo su origen en un avasallador amor a primera vista. Con el tiempo aquellas tiernas miradas tuvieron como fruto el nacimiento de Guadalupe Infante López, su primera hija. Así que, desde muy joven, tuvo que asumir la responsabilidad de sostener una familia y, al mismo tiempo, disfrutar de la dicha de ser padre.

Director de orquesta

En 1937 fue contratado como director por el mejor grupo musical de Sinaloa. Se trataba de la orquesta Estrella. Pedro puso como condición que también contrataran a su padre como ejecutante en el contrabajo. La petición fue atendida y la familia Infante Cruz se mudó, esta vez a Culiacán, a una casita en la calle de Juan Carrasco esquina con Dos de Abril.[13] En esta ciudad coincidieron con su hermana Rosario, la mayor, quien a raíz de su matrimonio con el fotógrafo Guillermo López Castro, residía en el lugar. Ella fue una mujer bellísima, reina de festivales en diversas ocasiones, tanto en Mazatlán como en Rosario. Hubbard recuerda: "la vimos representando a la patria en un aniversario de la Sociedad Mutualista Hidalgo".[14] De ese matrimonio, muy querido en el entorno familiar, nacieron Guillermo, Yolanda, Fausto, Jorge y Raúl López Infante.

La actividad constante hizo que su prestigio como músico aumentara por buena parte de Sinaloa, por ello Guillermo López Castro buscó a un íntimo amigo, Ismael Medina, propietario de la farmacia La Económica, y le propuso que patrocinara el debut de su cuñado en la estación de radio WEBL, "La Voz de Sinaloa" en la ciudad de Culiacán, en la que tenía un programa diario, donde promocionaba su negocio.

Precisamente a través de la radio de Culiacán, María Luisa León Rosas escuchó por primera vez a Pedro, pero no fue sino hasta el 30 de mayo de 1937 cuando finalmente se conocieron, en una fiesta en la que como parte de la orquesta Estrella él interpretó varias canciones. Fue un día trascendente para ambos, ya que desde esa fecha surgió una atracción que no tardaría en convertirse en un noviazgo que culminaría en matrimonio.

María Luisa era 5 años mayor, y era evidente la madurez de ella en la toma de decisiones, sobre todo en lo relacionado con la carrera artística de Pedro, pues estaba convencida de que si se aplicaba más al estudio formal y al trabajo conquistaría la capital. Ella siempre representó un importante apoyo, y mantuvieron una firme relación, muy sui géneris si se quiere, pero cordial y respetuosa, incluso durante el distanciamiento que vendría después. No obstante, con ella compartió la parte difícil y complicada de todo inicio artístico y juntos empezaron a recibir los frutos del triunfo.[15]

Arribo a la capital y matrimonio

Durante la etapa en que buscaba consolidarse como músico en Culiacán, escuchó finalmente los consejos de algunas amistades, maestros de música e incluso de María Luisa, y decidió aventurarse a intentar hacer una carrera como cantante en la capital, y aumentar también su preparación musical. Así, en mayo de 1939, ambos se trasladan a la ciudad de México, instalándose, por algunos días, en la calle de Ayuntamiento número 41, en pleno Centro de la ciudad. Muy cerca de la XEW y de la XEB.

Su arribo a la capital ocurre, precisamente, a punto de iniciar la década de los cuarenta, cuando el crecimiento urbano empezaba a hacer sentir su dinamismo. Recordemos que en 1940 la población del D.F. era apenas de 1,750,000 habitantes.[16]

El fluir vehicular no era el monstruo apenas imaginable que hoy padece la capital, el medio ambiente era saludable y la ciudad era segura. Sin duda la bohemia imperante en los cafés del Centro de la ciudad, así como el hermoso entorno, constituyeron las condiciones ideales para que una persona como Pedro desarrollara sus cualidades artísticas. Y siempre, desde el primer instante, se sintieron gratamente acogidos por la antigua Ciudad de los Palacios, que tanto celebrara el Barón von Humboldt, o por "la región más transparente del aire", según don Alfonso Reyes. Una ciudad en la que aún no se perdía la dimensión humana y resultaba agradable un lento paseo por la Alameda, por la avenida Reforma, Juárez, el Bosque de Chapultepec, Xochimilco, el Bosque de Tlalpan, el Desierto de los Leones o Coyoacán.

Casi un mes después de haber llegado a la capital, el 19 de junio de 1939, formalizan su relación mediante el matrimonio civil y, como dato curioso, en el acta respectiva se asienta que María Luisa es un año menor que él. Poco después, el primero de julio de ese mismo año, se casan por la iglesia, en la Catedral Metropolitana.[17] En esos momentos ya habían cambiado su domicilio a la calle de Abraham González número 110.

Es innegable que el ambiente de la gran capital produjo en él un verdadero azoramiento inicial que más tarde reflejaría con mucha autenticidad en sus películas. Esa ambivalencia de provinciano-capitalino, compartida por muchos, fue quizá el elemento esencial de su indiscutible carisma.

Los primeros meses en el Distrito Federal fueron difíciles y de seguro hubo momentos en que tuvo el deseo de regresar a su tierra, pero la entereza de María Luisa, y la determinación de él mismo, fueron elementos clave para conseguir el anhelado triunfo.

En la esquina de Buen Tono y Ayuntamiento aún existe el café La Florencia en el que eran asiduos comensales, donde la comida corrida incluía: sopa, arroz, guisado y postre, por el módico precio de 50 centavos. Eran los años del famoso modelo del desarrollo estabilizador y la palabra inflación aún no era familiar en nuestro lenguaje. Como expresa Carlos Fuentes en su novela *La silla del águila:* "Y recuerda que con lo de comer no se juega. ¿Te acuerdas de la vieja canción de Pedro Infante, 'Mira Bartola, ahí te dejo esos dos pesos, pagas la renta, el teléfono y la luz'?, qué nostalgia de nuestros tiempos preinflacionarios".[18]

La B grande

Después de enfrentar las dificultades que acarrea el adaptarse a un ritmo de vida diferente y haber pasado por momentos de fatiga e incluso de abatimiento, a inicios de 1940 Pedro conoce al ingeniero Luis Ugalde, responsable de sonido en la XEB, quien le ayuda a conseguir una presentación en un programa de esa emisora.

El director artístico era don Julio Morán, quien fijó una fecha para hacer la audición. En esa oportunidad Pedro interpretó "Consentida" de Núñez de Borbón. Su enorme nerviosismo le jugó una mala pasada y no resultó lo que hubiera deseado; no obstante, el director encontró aspectos interesantes en la calidez de su voz, en su presencia y en su imagen entusiasta. Don Julio Morán estimó que estaba frente a un buen prospecto,[19] por lo que, después de una semana, tuvo otra oportunidad interpretando, ahora sí de manera irreprochable, "Nocturnal" de José Sabre Marroquín y José Mújica, acompañado al piano por Guillermo Álvarez.

Su debut en la XEB ocurrió al día siguiente de la prueba. De ahí surgió el compromiso de cantar tres veces por semana. Algunos lo intuyeron de inmediato: era el principio de la leyenda. Sus programas se transmitían desde el Estudio José Iturbe, donde cantaba acompañado al piano de Ernesto Belloc; después pasó al Estudio Juventino Rosas, un recinto con mayor capacidad que daba al cantante la oportunidad de entrar en contacto directo con el público, y desde entonces, hasta nuestros días, por más de medio siglo, y con elevado rating, aún se sigue escuchando a Pedro por la B grande de México.

Antes de probar suerte en esta emisora, lo hizo en la Catedral de la radio en México, la XEW. En esa oportunidad Amado C. Guzmán, director musical de la estación, lo escuchó cantar "Guajirita" de Bernardo San Cristóbal, y sin prodigarle gran atención, e incluso sin dejarlo terminar, le comentó que mejor se regresara a su estado natal. Desmotivado, pero no vencido, se aferró con más tenacidad a sus propósitos. Años después regresaría a la w en plan triunfal y rompiendo récord de audiencia.

En ese mismo año participa en un concurso de aficionados en el teatro Colonial, ubicado en la calle de Izazaga, a escasos metros del Eje Central, y a unos pasos del Hotel Virreyes. En ese evento, el premio al primer lugar consistía en un traje de charro. Después de interpretar "Vereda tropical", con pleno dominio de sus facultades, el galardón fue para él. Y se lo entregaron nada menos que Jesús Martínez, Palillo, y los Kíkaros.

Las felicitaciones del evento incluyeron un elogioso comentario por parte del gran comediante, quien le pronosticó un largo camino de éxitos dentro de la música. Acertada previsión de aquel gran personaje que hizo de la política fuente inagotable de ironías y risas.

También en 1939, Pedro realizó sus primeras participaciones fílmicas. La primera fue en *En un burro tres baturros.* Más tarde en un cortometraje, *Puedes irte de mí,* donde aparece conduciendo una orquesta, bajo la dirección de Luis Manríquez[20] y música de Agustín Lara. La cinta fue rodada en Los Cocoteros, un prestigiado centro nocturno de aquel entonces, ubicado en la avenida Oaxaca, a poca distancia del actual Metro Insurgentes. Cabe mencionar, como anécdota interesante, que en ese cortometraje trabajó como extra un entrañable amigo de Pedro: Luis Aguilar, más tarde figura indiscutible del cine nacional.

Después siguió otro cortometraje más: *El organillero,* también con música de Agustín Lara y dirigido por José Benavides.

La época del mítico Waikikí

En 1941, de nuevo el ingeniero Ugalde, con quien sostuvo una sincera y sólida amistad, lo ayuda y consigue que su contrato con la XEB se prorrogue por un año más. Asimismo, el cronista deportivo Julio Sotelo, quien también era representante artístico, lo introdujo a la vida nocturna capitalina. Esto le valió ser contratado como crooner en el Waikikí, uno de los lugares de moda, el cual se encontraba en la avenida Reforma número 13. Este famoso centro nocturno[21] se caracterizaba por ser el más alegre y bohemio, donde cada noche se disfrutaba de una agradable velada. En todo caso, desde 1935, año de su inauguración, hasta 1965, en el que fue cerrado, representó una de las páginas más importantes de la historia de la vida nocturna capitalina.

Este importante cabaret era uno de los lugares más conocidos, tenido por los noctámbulos como el mejor desveladero de entonces; otros, también de gran prestigio, eran el Salón Maya y el Tap Room del Hotel Reforma.

El Waikikí reunía variedades extraídas de los teatros Follies, Lírico y Margo, orquestas afroantillanas, como las de Arturo Núñez, Son Clave de Oro, Acerina, Moscovita, y la del lugar, la orquesta Waikikí. En el escenario actuaban el ballet de Chelo La Rue; el bongocero Tabaquito, competidor del compositor y cantante cubano Chocolate; las cantantes Esmeralda, Ana María González Catalán; artistas del momento como Fernando Fernández, Kiko Mendine, Alfredo Pineda, el Negrito Chavalier; bailarinas extranjeras, cubanas, colombianas y, por supuesto, muchas bellas coristas mexicanas, donde incluso, tiempo después, bailaría Lupita Torrentera.

En este ambiente noctámbulo comenzó a consolidarse la vida artística del ídolo, actividad que le proporcionó infinidad de experiencias las cuales, sumadas a las de su natal Sinaloa, empezaban a dar por resultado una presencia más conocida. Sus éxitos en este centro nocturno eran continuos. Además, sus presentaciones iban reuniendo a una clientela habitual, que gustaba de su forma de interpretar los boleros, y a la que no le importaba hacer fila para entrar. Era gente de la mejor sociedad, el comercio y la política, también concurrían artistas, intelectuales, bohemios y trasnochadores que planeaban tomar sólo un trago y terminaban su noche de ronda en los famosos caldos de Indianilla, para quitarse los humos del alcohol, algunas decepciones y, sobre todo, para esperar al amanecer con algo caliente en el cuerpo.

Después del Waikikí, Enrique Serna Martínez,[22] entonces presidente del Consejo Nacional de la Industria de la Radiodifusión, lo contrató para trabajar en Tampico, en la estación XES. En esa oportunidad inició lo que podría considerarse su primera gira, en la que siguieron los éxitos, y, de paso, tuvo oportunidad de darse gusto con la variedad gastronómica tamaulipeca, sobre todo en Tampico y Pueblo Viejo, aunque la gira también comprendió Ciudad Mante, Reynosa, Matamoros, Nuevo Laredo y Ciudad Victoria. En esta última acudió como invitado a la recién inaugurada XEBJ.

A su regreso al Distrito Federal, la XEB le mejoró sustancialmente el sueldo debido a los altos índices de audiencia que tenían sus presentaciones. En esa época, de nuevo cambia de domicilio, ahora a la calle de Ernesto Pugibet número 74, lugar en que entabló una gran amistad con la familia Montoya Jarkin, que vivía al lado. Un sólido afecto que llevó a Pedro y a María Luisa a ser padrinos de comunión del pequeño Adolfo Montoya. La relación fue tan sólida que no era raro verlos tanto en eventos familiares como en los estudios de filmación, o presentaciones personales. Incluso, al morir Pedro, María Luisa León puso en manos de su ahijado Adolfo múltiples asuntos personales que requerían de asesoría legal, pues por entonces el joven Montoya era ya pasante de derecho.

El mismo Adolfo Montoya nos relató una anécdota de aquella época: en frecuentes ocasiones jugaban beisbol, donde sobresalía el brazo de Pedro, quien poseía un slider natural. Y no era raro que a estos encuentros acudieran beisbolistas profesionales. Los más asiduos eran sus amigos José Luis "Chile" Gómez y José María "Chema" Castro. Por su parte, Vinicio García nos contaba de las estupendas comidas que tenían lugar después de un buen juego. El ídolo compartía con ellos buenos ratos y, además, se mantenía en forma. Aquí cabe señalar que su hermano, Ángel Infante, estuvo a punto de ser contratado como catcher por algunos equipos profesionales de la liga del Pacífico.

En el Hotel Reforma

Pero volvamos a los cuarenta; por esos tiempos, su amigo y paisano Alfonso Rodríguez, mesero del Hotel Reforma, al tanto del éxito de Pedro en el Waikikí, lo invita en dos ocasiones a lujosas cenas en el Salón Maya (más tarde Salón Ciro's) de ese elegante hotel, con objeto de que Pedro fuese escuchado por los dueños del lugar, y buscar la posibilidad de algún contrato. En la primera ocasión no ocurrió nada; sin embargo, en la segunda, cuando casualmente se encontraba entre los comensales Rico Pani, importante accionista del hotel, intervino Alfonso Rodríguez y le solicitó al anunciador, Ignacio Corral, que invitara a su amigo al escenario. Pedro interpretó "El amor de mi bohío", y, tras escucharlo, el señor Pani no tardó en ofrecerle un atractivo contrato con un sueldo, que sumado al de la radiodifusora y otras actuaciones, le permitía vivir holgadamente.[23]

Ya con un sitio seguro en el Hotel Reforma, vuelve a entablar pláticas con los productores Eduardo Quevedo y Luis Manríquez, quienes lo contratan para filmar *La feria de las flores, Jesusita en Chihuahua* y *La razón de la culpa.*

El 24 de junio de 1942, comenzó el rodaje de *La feria de las flores,* cinta en la que tuvo un papel coestelar, alternando con Antonio Badú, María Luisa Zea y Fernando Fernández, compañeros que lo apadrinaron, y con quienes llevaba una sincera amistad. Todos recordamos que desde sus primeras apariciones en la pantalla, a pesar de su inevitable novatez, proyectó naturalidad, presencia y una simpatía innata; esto dio origen a más contratos y agotadoras jornadas de trabajo que incluían radio, discos, teatro de revista y cine, tareas que enfrentó con disciplina y responsabilidad.[24]

Poco después, en el mismo Hotel Reforma, trabajó en el centro nocturno Tap Room, donde dirigió y cantó con la prestigiada orquesta Roof-Garden. Su tema musical en esas ocasiones era la canción "Stardust",[25] la cual en aquellos tiempos, en medio de la segunda guerra mundial, era un éxito de Frank Sinatra, quien ya era una figura mundial.

A fines de 1942, nuevamente cambia su domicilio a un departamento en la avenida Reforma, muy cerca del Hotel Reforma, del Waikikí y, en general, del Centro Histórico, el mejor punto de reunión del México de entonces, y cerca de sus principales centros de trabajo.

Pedro se consolidaba en esos momentos como un talentoso crooner. Sus interpretaciones eran seguidas por un público cada vez mayor, pues de muchas maneras representaba los anhelos e inquietudes de la nueva sociedad, en medio de un modelo de desarrollo prometedor y estable.

Pedro en las alturas*

(Teodoro Pinzón)

Hace tiempo que tú te marchaste.
Hace tiempo te fuiste de aquí.
Desde entonces, hermano querido,
Te extrañamos, lloramos por ti.

Hoy que cumples otro año de muerto
Tu recuerdo volvió a revivir.
Hoy en nombre de México entero
Oye bien lo que voy a decir.

Ni las brisas heladas del norte
Ni los vientos calientes del sur
Han logrado llevarse del mundo
Las canciones que cantabas tú.

Nunca, nunca se irán de tu tierra.
Es la huella que dejaste tú
y por siempre quedaron grabadas
En la historia y en el cielo azul.

Luego que te viste allá en las alturas
Rodeado de nubes como te gustaba
Lanzaste un grito como tú gritabas
Y heriste los aires con esta cantada
“no vale nada la vida, la vida no vale nada”.

* Canción homenaje interpretada por Pepe Infante, después de la muerte de su hermano Pedro.

Ay, ay, ay
Como está lejos tu patria
Ya nunca podrás cantarle
Ni llevarle serenata.

Ay, ay, ay
Ahora si estás muy contento
Porque estás cantando a Dios
Y con mi madre adorada.

3. El muchacho alegre

Se puede afirmar que los inicios de la consolidación artística de Pedro Infante ocurrieron en 1943. En esa época México avanzaba en su industrialización bajo la dirección de Manuel Ávila Camacho, proyecto que continuaría el alemanismo, dentro del cual el D.F. iniciaba un vertiginoso crecimiento urbano.

Después de cuatro intensos años en la ciudad de México, ése fue el momento en que Pedro empezó a recoger los frutos de su ánimo tenaz; se multiplicaron las giras y su nombre era plenamente conocido en las principales ciudades del país. Uno de los acontecimientos más trascendentes para su carrera fue conocer, en ese año, a don Guillermo Kornhauser, director de Discos Peerles, quien enterado de sus triunfos, tanto en el interior de la república como en los centros nocturnos de moda de la capital, le ofreció un contrato de exclusividad; tiempo después, el 29 de octubre de 1943, graba para esa firma su primer disco, donde incluye los temas "El durazno" y "Soldado raso". Sobre esto es importante mencionar que, en ocasiones, se ha sostenido que la primera canción grabada por él en Peerles fue el vals "Mañana". Lo que en realidad ocurrió fue que esa grabación se realizó tan sólo seis días después que los temas mencionados, el 5 de noviembre del mismo año, hecho que ha dado pie a la confusión. Sin embargo, ésa no era su primera experiencia discográfica, pues poco antes había grabado los boleros, "Guajirita" y "Te estoy queriendo" para la RCA, disquera con la que no llegó a un acuerdo satisfactorio.[1]

El haber conocido a don Guillermo Kornhauser también trajo consigo un cambio muy importante para su imagen como cantante, ya que además de boleros, se le sugiere abordar canciones rancheras, pues su voz, su presencia y su conocimiento por experiencia propia del México rural de aquellos años, indudablemente enriquecían el género, pues sus interpretaciones cargadas de autenticidad evocaban el terruño a la gente de provincia.

La canción "El durazno" se incluyó en la película *Mexicanos al grito de guerra;* un tema imprescindible en las posteriores presentaciones de su hermano Pepe, una vez fallecido el ídolo. Por su parte, "Soldado raso" fue una canción muy a tono con la época, donde la segunda guerra mundial era la principal preocupación del mundo. Pedro cantaba a las tropas nacionales; a todos aquellos que veían con gran incertidumbre su posible traslado al frente.

En este marco de arrebato bélico y nacionalismo acendrado, *Mexicanos al grito de guerra* resultó "un alimento movilizador, un alerta de tiempos de guerra".[2] La cinta recuerda la heroica batalla del 5 de mayo y la expulsión del ejército francés del territorio nacional. Asimismo, se narra cómo se compuso la música y letra de nuestro himno, exaltando nuestros símbolos patrios e identidad nacional.

La producción cinematográfica pasaba por una de sus mejores épocas, muestra de ello es que también en 1943 filma *Arriba las mujeres, Cuando habla el corazón, El Ametralladora* (continuación de la película *¡Ay Jalisco, no te rajes!*, filmada por Jorge Negrete), en la cual se narra la vida de un pistolero, el Remington, personaje de la vida real, película dirigida por el jalisciense Aurelio Robles Castillo,[3] en la cual los productores quisieron hacer de Pedro una copia de Jorge Negrete.

Más tarde filma la ya mencionada *Mexicanos al grito de guerra* y *Viva mi desgracia,* en esta última cinta comparte estelares con una de las actrices más hermosas del cine nacional, María Antonieta Pons, quien protagonizó a la distinguida Carolina y Pedro al ranchero Ramón Pineda. La canción tema de la película tuvo un arreglo espectacular de Manuel Esperón, quien utilizó a cincuenta músicos y un coro de treinta personas. El tema fue grabado hasta 1945 y constituyó su primer récord de ventas. Una tonada imprescindible en sus presentaciones en la capital y en el interior de la república. Con esta cinta establece su primer encuentro con los hermanos Rodríguez, su trato con Roberto, y sobre todo con Ismael, inició una espectacular amistad.

De gira por el norte

A inicios de 1944, con motivo de la celebración del tercer aniversario de la XEMR, don Enrique Serna lo contrata para actuar en Monterrey, ciudad que visitaría con mucha frecuencia, en jornadas de trabajo que disfrutaba mucho, sobre todo por el estilo de vida de la región. La mística de trabajo de los regiomontanos encajaba perfectamente con su personalidad. En esas ocasiones acostumbraba hospedarse en el Hotel Génova (ahora 5ª Avenida), o bien en el Hotel Colonial, o en el Hotel Monterrey; le gustaba, además, caminar por la Calzada Madero y por toda la zona que circunda lo que es ahora la Macro Plaza o Zona Rosa.[4]

Su primera presentación fue el 19 de enero de 1944, en el Cinema Palacio, acompañado por Mercedes

TO DEPART FROM THE UNITED STATES, OR IN THE EVENT MY DEPARTURE SHOULD BE DELAYED.

X Pedro Infante
(SIGNATURE OF ALIEN)

SUBSCRIBED AND SWORN TO (OR AFFIRMED) BEFORE ME
ON May 28, 1947 AT Am.Consulate N Ldo Mexico.

Gerald. G. Jones.
Vice. CONSUL OF THE UNITED STATES OF AMERICA

NONIMMIGRANT VISA NO. 796 DATE May 28, 1947.

ISSUED UNDER SECTION 3 (2) OF THE IMMIGRATION ACT 1924
CLASSIFICATION

SERVICE NUMBERS 1534 1535

(SEAL) Clearence by Tel call to Mexico City.

Previously fingerprinted at Am. Embassy Mexico City on Dec 18, 1941

FORM NO. 257 c — FOREIGN SERVICE

AMERICAN FOREIGN SERVICE - APPLICATION FOR NONIMMIGRANT VISA AND ALIEN REGISTRATION

NAME: INFANTE Cruz. Pedro
OCCUPATION: Movie Actor.
HOME ADDRESS: Rebsamen 728. Mexico D. F.
ACCOM. ALIEN CHILD UNDER 14: No one.
DATE AND PLACE OF BIRTH: Nov 18, 1917 Mazatlan Sinaloa
M [X] F [ ] M [X] S [ ] W [ ] D [ ]

HAIR	EYES	HEIGHT	NATIONALITY	RACE
brown	brown	5'9"	Mex.	white.

MARKS: None.
DATE IN U. S. BEFORE: 1942
PURPOSE AND LENGTH OF INTENDED STAY IN U. S.: Pleasure 15 Days.
NAME AND ADDRESS OF NEAREST RELATIVE AT HOME: Maria Luisa L. de Infante Rebsamen 728 Mexico D. F.
NAME AND ADDRESS OF PERSON TO WHOM DESTINED: no one.
TRAVEL DOCUMENTS: PP No.128[illegible]0 issued Dec. 22, 1942 By Mex. Foreign Off. Mexico City Revalidated to May 22, 1948

I DECLARE THAT THE STATEMENTS CONTAINED IN THIS APPLICATION ARE TRUE AND CORRECT TO THE BEST OF MY KNOWLEDGE AND BELIEF.
I HAVE NOT PREVIOUSLY BEEN REFUSED A VISA, DEPORTED, REMOVED OR EXCLUDED FROM ADMISSION TO THE UNITED STATES.
I UNDERSTAND THAT I SHALL BE REQUIRED TO DEPART FROM THE UNITED STATES AT THE EXPIRATION OF MY STAY AS AUTHORIZED BY THE UNITED STATES IMMIGRATION AND NATURALIZATION SERVICE.
I HEREBY AGREE THAT IF I AM PERMITTED TO PROCEED OR TO ENTER THE UNITED STATES I SHALL DO SO AT MY OWN RISK AND ASSUME ALL RESPONSIBILITY FOR LOSSES OR DAMAGES WHICH MAY RESULT IN THE EVENT I SHOULD NOT BE PERMITTED

No. V 17821

Visa de Pedro Infante.

Caraza. El éxito fue arrollador, con un lleno absoluto en cada una de sus actuaciones. Casualmente también estaba en cartelera *El Ametralladora,* cinta que se exhibía en el cine Rodríguez (después Real Rodríguez). Y, en esa ocasión, su innegable don de gentes le permitió hacer grandes amigos como Eulalio González, el Piporro, y Plinio Espinoza, uno de los locutores más reconocidos en Monterrey, quien no deja de asistir a los magnos homenajes que aún se organizan en esa ciudad, en los que, por lo general, clausura el evento recordando interesantes anécdotas de su relación con Pedro y María Luisa León. Aquí cabe recordar que la radio mexicana tuvo su origen precisamente en la ciudad de Monterrey, N.L., el 9 de octubre de 1921, cuando la estación del ingeniero Constantino de Tárnava inició actividades regulares con una programación basada en difundir música y publicidad de establecimientos de la ciudad.[5]

En ese año, Pedro abandona el departamento que tenía en la avenida Reforma y renta una finca en la calle de Xola número 805, en la Colonia del Valle; un amplio predio en el que actualmente se encuentra una clínica del IMSS. En lo relativo a la música, las siguientes canciones pertenecen a esa época: "Mi changuita", "Noche plateada" y "Mi patria es primero", de las cuales la segunda corrió con gran fortuna, tema compuesto por Manuel Esperón y Ernesto Cortázar. Y en cuanto a cine sólo protagonizó *Escándalo de estrellas,* donde fue dirigido, por primera vez, por Ismael Rodríguez.

Es imposible no mencionar que, en sus primeros años como intérprete, fueron fundamentales las recomendaciones y las técnicas de vocalización que le indicaba el maestro Manuel Esperón. Éstas fueron las que, a la larga, terminarían por configurar los agradables matices de su inigualable voz.

Génesis del éxito cinematográfico

En 1945, Pedro adquiere la que sería su primera propiedad, en la calle de Rébsamen número 728, en la Colonia del Valle. Estos cambios de residencia eran resultado de su creciente éxito y el consecuente incremento de su fortuna personal. En la actualidad esa casa es habitada por familiares de la señora María Luisa León.

Durante ese año realiza una gira por California y Arizona, lo que lo lleva a arraigarse en el gusto y cariño de la comunidad de origen hispano, que ya comenzaba a identificarse con él. Estuvo por siete meses en los escenarios estadunidenses; es entonces cuando aparece su primer representante, Carlos Amador, junto con quien celebró buenos contratos, tanto en los Estados Unidos como en México.

Precisamente en esa época, volar pasó de ser riesgosa afición a una irrenunciable actividad cotidiana. Como lo relataría más tarde Ismael Rodríguez, al recordar la tajante afirmación de Pedro: "'Mira, en la vida me gusta actuar y cantar, pero hay algo que prefiero sobre todo: volar. Si quieres rómpeme el contrato, rómpelo, porque no voy a dejar de hacerlo', y me mandó a volar".[6] En los procesos de esta actividad alcanzó a ser capitán piloto aviador, su matricula fue CCP-447P-P.

En el año de referencia sus prácticas de pilotaje las realizaba con su maestro Julián Villarreal, aunque también la charrería ocupó mucho de su tiempo, pues había veces que los guiones le imponían desplegar habilidades ecuestres. En este caso sus amigos y grandes charros mexicanos Manuel y Emilio Lara fueron quienes lo instruyeron para que llegara a ser un buen jinete.[7] Como ejemplo de esto están algunas escenas de la película *La oveja negra,* donde hacía complicadas suertes con la famosa yegua Kancia, propiedad de don Manuel Ávila Camacho.

Obviamente la dedicación a su carrera absorbía mucho de su tiempo, no obstante, también se daba espacio para seguir practicando sus conocimientos sobre carpintería y ebanistería, así como para ejercitarse físicamente. ¿Qué impulso, o quizá nostalgia, hacían que Pedro practicara el oficio de carpintero?; ¿el recuerdo de su abuelo don Domingo?; ¿su natural identificación con el pueblo? No lo sabemos, pero de lo que sí estamos seguros es de que Pedro no era ni improvisado ni exhibicionista. La carpintería se arraigó en él desde su infancia y jamás la dejaría. Por otra parte, también tenemos la certeza de que el ejercicio físico era una necesidad para establecer un equilibrio emocional, además de ofrecer al público una figura agradable y atlética, a tono con las exigencias del traje de charro, prenda nacional que no cualquiera puede llevar con prestancia.

Fueron tres

En 1945 surge un trío que habría de dar al cine mexicano sus más legítimos representantes populares, integrado por Pedro Infante, Blanca Estela Pavón e Ismael Rodríguez. Independientemente de lo anterior, la sola mancuerna Infante-Rodríguez resultó muy beneficiosa para ambos y de enorme trascendencia para la cultura popular mexicana. Bajo la dirección de Ismael Rodríguez, Pedro se convirtió en un actor de popularidad inusitada, y el melodrama ranchero-citadino se convirtió en el género determinante de la época.[8]

En los inicios de 1945 filman *Cuando lloran los valientes*. La historia del famoso Agapito Treviño y del simpatiquísimo niño, Pepe, el Pilonillo. Esta película fue filmada en escenarios de Nuevo León, en el municipio de San Nicolás de los Garza. En ella interpreta "Mi lindo Monterrey", tema que graba ese mismo año. Más tarde, como regiomontano de corazón, cantaría con mucho cariño el famoso "Corrido de Monterrey".

En esta época graba también "Sobre las olas", y uno de los temas populares más famosos en el mundo, "Cielito lindo". Capítulo aparte lo constituye "Viva mi desgracia", tema original de la cinta del mismo nombre, el cual fue todo un suceso en la radio.

En noviembre de 1945, contratado por el empresario Luis Jorge Palomeque, realiza importantes presentaciones en la plaza de toros de la ciudad de Mérida e inicia su acendrado cariño por esta hermosa ciudad de Yucatán. Precisamente el 20 de noviembre abrió plaza, cabalgando un brioso corcel, con los matadores Félix Briones, Carlos Vera Cañitas y Carlos Arruza. Es de imaginarse la combinación de aquel espectáculo musical junto con la fiesta brava y la charrería.

Recuerdos de *Los tres García*

En 1946 filma *Si me han de matar mañana,* compartiendo estelares con Sofía Álvarez, Nelly Montiel y René Cardona; y dos cintas ya clásicas dentro del género: *Los tres García* y *Vuelven los García,* compartiendo estelares con Víctor Manuel Mendoza (su querido compadre), Abel Salazar, Marga López y la abuelita del cine nacional, doña Sara García. A raíz de su interpretación de la canción "Mi cariñito", de su tocayo Pedro de Urdimalas y arreglo musical de Manuel Esperón, el tema se vuelve emblemático y desde entonces es utilizado, tradicionalmente, en las serenatas a las madres y abuelitas mexicanas.

En *Los tres García* "se encuentra el vigor y la gracia, la naturalidad que el cine mexicano no volverá a tener".[9] Además, refleja la idiosincrasia nacional que constituye interesantes cuadros de época. En esta cinta "Ismael Rodríguez hace tres tipos psicológicos de cada uno de los García. Uno es catrín, próspero, elegante, negociante y usurero, Luis Manuel García (Víctor Manuel Mendoza); José Luis García (Abel Salazar) es orgulloso, soberbio, se conforma con ganar poco por su cuenta, antes de regalar su trabajo a los demás; Luis Antonio García (Pedro Infante) es el tenorio del pueblo, alegremente mujeriego, tramposo, malhablado, borracho y sentimental; colecciona aretes de sus conquistas amorosas, como botín de la victoria y está reñido con el trabajo". De acuerdo con Jorge Ayala Blanco "es el más agradable y escandaloso de los primos". Aquí "Rodríguez avizora la técnica ideal: que Infante improvise porque es una fuerza de la naturaleza" .

Muchos años después, en los diversos homenajes a Pedro, era común que Marga López enfrentara los cuestionamientos del público que no le perdonaba el que, en la última escena, en su papel de Lupita, hubiera escogido a José Luis García (Abel Salazar).

"Su abuela doña Sara lo recrimina porque no sabe otra cosa más que empinar el codo y andar con viejas. Pedro Infante, favorito de la abuela, es el personaje más altamente positivo de *Los Tres García,* representa la simpatía y la despreocupación irresistible del héroe epónimo de la comedia ranchera."[10] En esta cinta son clásicas las secuencias de tristeza y desolación ante la pérdida de la abuela y, sin duda, siguen conmoviendo a su público.

En el transcurso del año realiza presentaciones en el interior de la república y graba varios temas: "Mi tragedia", "Vieja chismosa", "Qué te cuesta", "Fiesta mexicana" y "Orgullo ranchero".

El amor siendo humano tiene algo de divino...

En 1947 es contratado, por corta temporada, para presentarse en el teatro Follies, el mismo que con el tiempo se convertiría en el Salón Tropicana, en el lado sur de la Plaza Garibaldi, donde también actuaba la guapa bailarina y actriz Lupita Torrentera Bablot, quien ya había participado en la cinta *Historia de un gran amor,* que estelarizaran Jorge Negrete y Gloria Marín, en 1942; Lupita interpretó a Gloria y Narciso Busquets a Jorge, un par de niños enamorados. Dos años después, en 1944, trabajó al lado del gran comediante Manuel Medel, en la cinta *La vida inútil de Pito Pérez.* Para Pedro, ella sería el segundo amor de su vida. Evidentemente su situación sentimental empezaba a complicarse. Sumado a lo anterior, el 14 de febrero de 1947 nace Dora Luz, hija de su hermana Carmela, quien además de tener la responsabilidad de sus otros hijos: Rosario, María Asunción, Rafael Antonio y Alfredo, pasaba por momentos difíciles. Ante esto, Pedro acude a brindarle apoyo, recomendándole irse a vivir un tiempo con doña Cuca, su mamá. Y de paso le pide que le permita hacerse cargo de su sobrina recién nacida. Solicitud a la que su hermana Carmela accede. María Luisa León, quien guardaba excelentes relaciones con la familia Infante Cruz vio con gusto esta posibilidad. Ella, a pesar de varios tratamientos no pudo tener familia. Finalmente, Dora Luz es registrada como hija de ambos, poniéndole por nombre definitivo, Dora Luisa, lo que para María Luisa León representó una mayor cercanía con la familia Infante Cruz.

Cuando contaba con un año de edad, Dora Luisa apareció en la película *Angelitos negros,* en una escena donde es cargada por Piedad Cazañas, quien, con el tiempo, también le daría a Pedro otro hijo: Cruz Infante. Tanto Dora Luisa como Cruz culminaron sus vidas de manera trágica, en lamentables accidentes automovilísticos, uno en 1974, y el otro, trece años después, en 1987. Cruz, de gran parecido físico con su papá, empezaba a descollar en el medio artístico como actor y cantante, y con seguridad él hubiera sido una gran figura del folclor nacional.

Como se mencionó líneas arriba, Pedro también mantuvo un sólido romance con Lupita Torrentera Bablot. De esta relación hubo tres hijos: Graciela Margarita, quien nació el 26 de septiembre de 1947, falleciendo en enero del siguiente año, tragedia que significó para ambos un duro golpe. No obstante, vinieron después Pedrito, y su consentida y adorada Lupita; hijos a los que amó hasta el fin de sus días.[11]

Durante enero y febrero, dirigido por Joaquín Pardavé, filma dos películas, *La barca de oro* y *Soy charro de Rancho Grande,* acompañado por dos estrellas del cine nacional: Sofía Álvarez y René Cardona. En la primera, Sofía Álvarez da vida a Chabela Vargas, una machorra que a punta de pistola conquista a un amigo de la infancia: Lorenzo (interpretado por Pedro). Y en la segunda, Pedro es Paco Aldama, un charro que viaja a la gran capital a competir y vencer a charros de toda la república y regresa a su pueblo apenas a tiempo para recuperar a su novia (Sofía Álvarez), que estaba a punto de casarse con el dueño de la hacienda (René Cardona).

Con mi queridísima tía Lupita Torrentera.

Alas para volar

A mediados de 1947, después de una exitosa gira por el sur de Texas, regresa de visita a Culiacán, donde todos sus paisanos querían saludarlo y mostrarle su admiración. Con ese propósito, sus amigos, sobre todo Carlos Rodríguez, le organizan algunos festejos. En esas reuniones vuelve a cantar y tocar la batería con la orquesta Estrella, que era el grupo "popoff" de Culiacán, con el que había trabajado en el casino La Mutualista y en el Centro Humaya.

Cabe subrayar que en ese tipo de celebraciones lo que le interesaba era la convivencia con sus familiares, con sus amigos y compañeros. Es decir, el ambiente de cordialidad. En este sentido y contra lo que pudiera imaginarse Pedro no tomaba, se la podía pasar con una copa de vino o un whisky toda la velada; no obstante, en sus actuaciones podía hacer unas excelentes y muy celebradas representaciones de borracho; su experiencia provenía de haber vivido, desde su adolescencia, dentro de la bohemia de los músicos, en largas jornadas nocturnas, donde la copa era el santo y seña de la fraternidad. Amante de las bromas y con dotes naturales de imitador, frecuentemente guaseaba con sus compañeros cuando alguno de ellos se excedía en los tragos.

Ese mismo año cumple uno de sus mayores anhelos: tener su propia avioneta, en la que, después de una rápida capacitación y certificación, empieza a trasladarse para cumplir sus compromisos artísticos en diferentes lugares de la república.

A principios de octubre de 1947, inicia el rodaje de la película más vista por el público mexicano, *Nosotros los pobres*. Todo un suceso que termina de consagrar tanto al cantante como al actor. Al finalizar el año trabaja con su

Con el inolvidable Chicote.

queridísima compañera Marga López en *Cartas marcadas.* Conoce a Antonio Matouk y Selem Tame, hombres de empresa con quienes más adelante tendría importantes relaciones de negocios. Matouk en la producción de películas y Tame en asuntos inmobiliarios y en la venta de automóviles nacionales e importados. En el aspecto musical realiza algunas grabaciones, "Maldita sea mi suerte", "Mi consentida" y "Mi cariñito",[12] tema del que ya hemos hablado.

A fines de 1947, ya como piloto, se traslada a Guasave para cumplir con un compromiso. En esa ocasión iba en compañía de los músicos, amigos y paisanos Fausto Miller, Enrique Carrión, Enrique Alonso y Félix Quintana, que formaban el Cuarteto Metropolitano.[13] Después de su actuación, Pedro decide regresar de inmediato, sin esperar siquiera a que amaneciera, y le pide a varias personas, entre ellas a su querido amigo Ignacio Bojórquez, que con sus vehículos iluminen el camino, para intentar despegar. Sin embargo, el esfuerzo resultó insuficiente y la poca visibilidad ocasionó que se saliera de la improvisada pista de terracería. El avión dio algunas volteretas, desmantelándose casi por completo, pero por fortuna todos salieron casi ilesos. Pedro con sólo una herida en la barba, sin consecuencias graves, quedándole como recuerdo una pequeña cicatriz en el lado izquierdo del mentón. Sin embargo, volar se había convertido ya en parte esencial de su estilo de vida.

La saga de Pepe el Toro

En 1948 adquiere una casa ubicada en la calle de Sierra Vista número 169, esquina con Pernambuco, en la colonia Lindavista, con el fin de traer a sus padres a residir en el D.F. En opinión de Carlos Monsiváis, en ese año también ocurre un hecho histórico para el cine nacional[14] el 25 de marzo de 1948 se estrena, en el cine Colonial, la película "*Nosotros los pobres* [...] surge el carpintero Pepe el Toro; símbolo actualmente de tantos compatriotas principalmente de nuestra clase trabajadora. Es la encarnación virtuosa de la vecindad, el estereotipo que es el arquetipo y a la inversa: noble, hijo amoroso, honesto, trabajador, simpático, mexicano hasta las cachas, creyente porque Dios es el primer amigo del alma, hombre entre los hombres (sin negarle su lugar secundario y principal a las mujeres, ya que la madre es mujer). Y sobre todo, casi en anticipación a Oscar Lewis, Pepe el Toro es así porque ni modo, ya estaba escrito, ser pobre es nacer víctima y nacer también muy por encima de los ricos, sin coraje, sin hombría infalsificable y a los seres anónimos les guarda la iluminación que nada más la tragedia aporta".[15]

Guadalupe Loaeza en su libro *Hombres ¿maravillosos?* escribe lo siguiente: "la Chorreada, interpretada por Blanca Estela Pavón, había tenido mucha, mucha suerte de haber conseguido un marido como Pepe el Toro. Un marido tan solidario, tan valiente, tan querendón, que nunca se rajaba, que siempre era vital y que por añadidura le llevaba su serenata y le cantaba 'Amorcito corazón', ¡cuántas mujeres posmodernas de estos tiempos no darían cualquier cosa por tener un marido así!".[16]

A través de los años el éxito de esta cinta ha roto todos los récords de exhibición. En este trabajo fílmico, Pedro Infante y Blanca Estela destacaron los elementos esenciales del melodrama, pero, ante todo, la trama se encarga de mostrar la solidaridad existente entre de la clase trabajadora del México de los cuarenta.[17] La idea central de esta película y su secuela, *Ustedes los ricos,* es revelar los sufrimientos de los pobres, a los que, sin importar sus grandes carencias, les resulta fácil ser solidarios y se divierten de manera mucho más auténtica que los juniors y riquillos. Un mensaje ideológico discutible pero sumamente entretenido.

En febrero de 1948 filma *Los tres huastecos,* donde Pedro tiene la posibilidad "de expresar todas sus cualidades de actor al interpretar magistralmente a tres arquetipos, los triates Andrade, desarrollándose en esta película las características de todos los papeles que le tocó hacer. Son personajes éticos incapaces de cometer una injusticia o una arbitrariedad, ya que inspiran sobre todo confianza y simpatía, son amorosos, sinceros, sin ser monógamos; son amables sin ser complacientes y son alegres sin ser relajientos. *Los tres huastecos* revelan todo este comportamiento psicosocial"[18] con el que tanto se identifica la gente de nuestros días, particularmente con la conducta de los niños y su contacto con la naturaleza; las inigualables escenas de la Tucita* transmiten una idea incipiente de respeto al medio ambiente, que con el tiempo, y lo vemos a diario, ha tomado matices mucho más trascendentales.

"En *Los tres huastecos,* los triates emblematizan los poderes de la república (un militar, un cura y un macho presidenciable), el humor robusto se impone, porque las situaciones y muchísimos actores tiene gracia y porque el público los defiende con su complicidad, que podría describirse como una adopción del habla y del repertorio de sentimientos."[19]

En mayo de ese año filma *Angelitos negros,* cinta en la que interpreta a un cantante de moda que luego de casarse con la rubia Ana Luisa (Emilia Guiú) tiene una hija de color (Titina Romay) a la que su madre desprecia profundamente y da origen a un dramático conflicto familiar. En julio filma *Ustedes los ricos.* Según cuenta Ismael Rodríguez, al rodar una escena donde Pedro peleaba en la azotea de un edificio de considerable altura, sede, en esos años, de la Comisión Federal de Electricidad, en la calle de Juárez, a unos pasos de la Alameda, "para molestarme se colgaba de la orilla del edificio:

—¡Ismael!

—¡No, Pedro!

—Ahorita me suelto.

*María Elena Llamas falleció el 31 de agosto de 2014 a causa de un paro respiratorio. La actriz, escritora y cuentista saltó a la fama tras su participación en *Los tres huastecos* en la que dio vida a la Tucita, la hija de Lorenzo Andrade, uno de los tres papeles que hizo Pedro Infante en esa laureada película. La Tucita es sin duda un personaje entrañable de la historia fílmica nacional.

—¡No, hombre, qué bárbaro eres!”[20]

A su vez el público radioescucha de todo el país cantaba, junto con él, los temas “Cartas marcadas”, “La barca de oro” y “El vacilón”. La primera de estas canciones es el tema favorito del Subcomandante Marcos (ahora comandante Galeano), quien, además, en una entrevista hecha en 2002 por Julio Scherer, a la pregunta de éste acerca de si tenía un ídolo en particular, aquél respondió: “Pedro Infante”.

Tras la serie de *Nosotros los pobres* y *Ustedes los ricos,* Pedro Infante vuelve a la radio, en la recién inaugurada estación XEX, la cual tenía sus estudios en las calles de Córdoba número 48, colonia Roma, convirtiéndose entonces en el artista de mayor éxito en el país.[21]

El triunfo de ambas cintas no tiene paralelo en la historia del cine mexicano, su impacto social hizo que batieran récord de permanencia en las salas de cine, y ya para esos momentos la pareja romántica más querida en México era Blanca Estela Pavón y Pedro Infante. En la actualidad estas películas se han convertido en clásicos familiares, pues son transmitidas con frecuencia por televisión. Uno podría preguntarse cuáles son las causas del éxito de estas cintas: ¿acaso la identificación del pueblo con Pepe el Toro?; ¿el reflejo fiel de nuestra sociedad, precisamente de pobres y ricos?; ¿los valores universales plasmados en ambas cintas?, cualquier respuesta es controversial, lo que es innegable es que ambas cintas permanecen entre las preferidas por el pueblo de México.

Al preguntar a Ismael Rodríguez sobre alguna escena que hubiera conmovido a sus compañeros de filmación, o incluso a él mismo, comentó: “Recuerdo la escena de *Ustedes los ricos* en la cual tiene a su niño, el Torito, calcinado, en sus brazos; le parece escuchar la cancioncita con

Pedro Infante con los hermanos Rodríguez.

la que lo arrullaba y lo ve hacer travesuras y se ríe, se ríe mientras se acuerda de él y la risa va creciendo, creciendo 'ja, ja, ja', y llorando entre carcajadas dolorosas, ahogándolo. Palabra que dolía el corazón, pero no podía cortar las escenas, me dije: 'Tengo dos cámaras, a ver qué pasa', y él seguía hasta que me di cuenta que sufría de verdad muchísimo. Y yo también, igual que todos; así es que pedí el corte. Lo que hizo Pedro fue correr atrás de los paneles y se puso a llorar y llorar. Todo el mundo deseaba verlo y pedía que lo trajeran. Al rato él mismo salió: 'Estuvo bien ¿verdad?', y los muchachos soltaron un enorme aplauso."[22]

Este dramatismo extremo reflejaba, de muchas maneras, los escenarios de un México en vías de desarrollo y fueron éstos el antecedente más inmediato de las telenovelas. Existe, además, la opinión de que "Esta clásica trilogía de Ismael Rodríguez, *Nosotros los pobres, Ustedes los ricos* y *Pepe el Toro* (1947-1952), ofrece un claro ejemplo. En ella uno encuentra la angustia de la buena esposa que sospecha que Pepe le está siendo infiel, el injusto encarcelamiento de Pepe y su venganza contra el archivillano, el doloroso descubrimiento por parte de una huérfana (Chachita) de la verdadera identidad de su madre [...] Como tema subyacente, se ve también la abnegada dignidad y la fuerza comunitaria de los pobres que sufren las veleidades de los ricos".[23]

Emilio Girón Fernández de Jáuregui, nombre real del niño que interpretó al famoso Torito, fue entrevistado por la revista *TVyNovelas,*[24] en mayo de 2003. En esa ocasión narró la forma en que pudo formar parte del elenco de *Ustedes los ricos:* contaba apenas con un año y tres meses de edad; sin embargo, tuvo que pasar por una audición antes de ser seleccionado, convirtiéndose, con esa única participación, en uno de los niños actores más famosos en la historia fílmica nacional La entrevista también despejó otras incógnitas:

—¿Volvió a ver a Pedro después de la película?

—Nunca tuve la oportunidad de reunirme con él. Cuando tenía 44 años, me mandó llamar, pero le dije que mi corazón aún tenía para rato, que aún tenía mucho trabajo —comentó en tono de broma al hablar sobre un infarto que tuvo precisamente a esa edad—; el Torito me acompaña día con día con mis cuatro bypass y me acompañará hasta la muerte, pero es muy gratificante que la gente recuerde al personaje y que después de más de sesenta años siga vigente —concluyó Girón Fernández.

Llegada a la cima

Poco después de haber regresado de una exitosa gira por Venezuela, misma que tuvo que suspender por disturbios políticos en aquel país, el 4 de marzo de 1949 ocurre el lamentable deceso de la madre de María Luisa, en su domicilio de la calle Rébsamen. Literalmente muere en brazos de Pedro, quien no escatima esfuerzos para mostrar su solidaridad con toda la familia León Rosas con la cual siempre mantuvo un sólido vínculo afectivo.[25]

Poco después, el 17 de marzo, inicia la filmación de la película *El seminarista;* en ese filme interpretó "Ramito de azahar", tema sobre el que declaró alguna vez que "le calaba muy hondo porque era la canción favorita de doña Cuca". Al respecto, es de sobra conocido que para Pedro, como para muchos mexicanos, la cercanía emocional con la figura materna era primordial

En abril de ese año se presenta, junto con Blanca Estela, en la plaza de toros de Monterrey; en la que impuso un récord de asistencia pues ningún evento anterior había congregado a tanto público. Fue necesario que incluso saliera a cantar fuera del recinto, para complacer a quienes no pudieron entrar. Como detalle curioso se cuenta que en esta presentación había una falla eléctrica, por lo cual uno de los micrófonos daba fuertes descargas. Pedro amarró un pañuelo alrededor para aminorar los toques eléctricos y así continuó cantando, hasta finalizar el espectáculo. Afortunadamente por ahí en las redes informáticas, existe un video al respecto.

El 22 de mayo, en un vuelo proveniente de Acapulco hacia la ciudad de México, Pedro, en compañía de Lupita Torrentera, sufre otro accidente aéreo al intentar un aterrizaje forzoso en Zitácuaro, Michoacán. Las causas del siniestro, según las detalló él a la prensa, fueron que se rompió la brújula y aunque usó el radio, no consiguió ubicar la dirección correcta; se acabó el combustible cerca de Zitácuaro, y aun cuando tuvo la intención de aterrizar en la carretera, esto no fue posible y lo hizo en un campo de cultivo. El bimotor dio una voltereta y, por fortuna, el haberse quedado sin combustible evitó que el tanque explotara con el impacto. Pedro presentó diversos traumatismos y una herida desde la parte media de la frente hasta la parte superior de la oreja izquierda. Aun así, logró salir de los restos de la aeronave y auxilió a Lupita, quien había perdido el conocimiento. Él, como pudo, cubrió su cabeza para detener la hemorragia. De manera sorprendente caminó unos dos kilómetros, pidiendo auxilio a las primeras personas y autoridades que encontró. En el poblado cercano le hicieron una curación provisional y le aplicaron antitoxina tetánica. Horas después, llegaron sus cuñados Agustín y Chuy León, quienes de inmediato trasladaron a los accidentados a la ciudad de México, llevándolos a la Clínica Central, ubicada en Avenida Insurgentes esquina con Medellín. Pedro fue instalado en el cuarto 606 y Lupita en el 703. El estado de Pedro era grave; presentaba una fractura craneal, y el hecho de haberse esforzado para llegar al pueblo lo debilitó considerablemente. Presentaba un cuadro difícil y de extrema gravedad.[26]

Esa noche, su madre y sus hermanos Ángel y José estuvieron a su lado; al día siguiente, Pedro fue intervenido quirúrgicamente por el doctor José Gaxiola y el neurocirujano Manuel Velasco Suárez, asistidos por los doctores Izaguirre y Ahued. La operación resultó un éxito a pesar de que se temían secuelas de parálisis o ceguera. Contribuyó a esto la experiencia profesional de los médicos así como la recia constitución física de Pedro. La noticia llegó a los medios, y los pasillos e incluso las calles siempre se encontraban llenos de compañeros, amistades, familiares y, sobre todo, de admiradores. Sorprendentemente tres semanas después ya estaba en su casa de Rébsamen, aún convaleciente pero ya fuera de peligro.[27] Ante este delicado accidente es de destacar la ya incipiente idolatría que germinaba en el público mexicano. De hecho, empezaba a convertirse en su máximo ídolo, en un momento en el que México se incorporaba al desarrollo económico de América Latina y del mundo. El crecimiento urbano era acelerado, la tranquilidad social reinaba en el país y la economía cruzaba por una época de gran estabilidad.

Aún delicado de salud inicia la filmación de las películas *La oveja negra* y *No desearás la mujer de tu hijo,* al lado de Fernando Soler, quien inmortalizó al personaje de don Cruz Treviño Martínez de la Garza. Este destacado actor fue un amigo y maestro por quien Pedro tuvo una gran estimación y respeto profesional. En *La oveja negra* "se representan personajes que a su vez están representando dos papeles de un padre y de un hijo ideales; dos individuos simbólicamente ligados que persiguen una paternidad y un culto filial siempre inalcanzables y se subordinan a esos ideales aun en las peores circunstancias, incapaces de osar ponerlos en tela de juicio, chocando a cada momento con las contradicciones de un auténtico sentir".[28]

En estas cintas, según Carlos Monsiváis:

"... se reconoce por vez primera en el cine mexicano, y con crudeza, el abismo generacional y la crisis del autoritarismo familiar. Enunciado así, el enfrentamiento entre padre e hijo parecería muy retórico, pero la maestría de Soler y la actuación excelente de Infante, le prestan vigencia a la derrota del padre jugador, mujeriego, irresponsable, mantenido por su mujer, que no le concede tregua al hijo responsable y bueno, que ya no resiste las infamias de su padre y maltrato a su madre.

"Lo que enturbia la perfección de las dos películas, que son una sola (el melodrama del poder terrible y la parodia adjunta) es Bibianita (Dalia Íñiguez), disuelta en lágrimas y contracciones faciales. Sin la distorsión tremebunda de ella, la interpretación deslumbrante de Fernando Soler

Pedro Infante y Fernando Soler en *No desearás la mujer de tu hijo* (1949).

y la muy convincente de Infante, le hubiesen concedido a *La oveja negra* la categoría de la cima y demolición simultánea de un género. Pero la intrusión del chantaje sentimental, queda como una feroz intrusión melodramática enmarcada por una ironía devastadora.

"... En *No desearás la mujer de tu hijo,* luego de una más de las humillaciones, padre e hijo entran a la casa y, con violencia, Silvano arrastra a Cruz ante el espejo para someterlo a las vejaciones de la realidad.

—Usted como mi padre ya es un viejo. No ha querido entender y me va a oír [alza la voz], mírese. Mírese de una vez tal cual es, pa'. Mírese esa panza, mírese esas canas, esas arrugas. Antes se enamoraban de usted, pero dónde está aquel brillo de sus ojos, dónde aquella voz fuerte y enamorada. Mírese. Qué se hicieron sus piernas ágiles, mírelas. Su sonrisa y su mirada eran como un chorro de agua entre voces cristalinas, ahora, no es más que un triste chisguete... —y Pedrito despide a la vieja generación—: No jure contra el tiempo porque es jurar contra Dios..."[29]

Durante 1949 Antonio Matouk se convierte en su socio y representante. Al mismo tiempo deposita su confianza en Jorge Madrid Campos, quien a la postre sería su secretario particular. En compañía de ambos, cumple compromisos en Texas y Nueva York; en esta última, durante una de sus presentaciones en el Madison Square Garden, Ricardo Montalbán invita a María Félix a asistir al espectáculo de Pedro, quien desde el escenario rinde un reconocimiento a la hermosa actriz dedicándole la canción "María Bonita".[30] La Doña en esos tiempos ya prefiguraba como la gran diva del cine nacional.

Cuatro meses después de su segundo accidente, el 26 de septiembre de 1949, muere Blanca Estela Pavón, su pareja cinematográfica. El avión en el que fallece la actriz

Con Antonio Matouk y Jorge Madrid Campos.

era un DC-3 de la Compañía Mexicana de Aviación. Se estrelló en el Pico de Fraile, en la parte sur del Popocatépetl, específicamente en la zona conocida como Los Arenales, entre Atlautla y Ecatzingo. En este accidente murieron veintidós pasajeros y tres tripulantes.[31]

El avión procedía de Tapachula, Chiapas. Era un vuelo regular con escala en Tuxtla Gutiérrez, Ixtepec y Oaxaca, en esta última ciudad lo abordó Blanca Estela. Entre las personas que también perdieron la vida se encontraban su padre, Francisco B. Pavón; el senador Gabriel Ramos Millán, quien fungía como dirigente de la Comisión Nacional del Maíz; el famoso historiador Salvador Toscano, su esposa y sus dos hijos; los periodistas Luis Bouchot, del periódico *El Nacional,* y Francisco Mayo de *El Popular.* Fue un accidente que conmocionó a todas las esferas sociales del país. Pedro lo lamentó profundamente por el gran cariño y respeto que profesaba a Blanca Estela, quien en ese entonces estaba en la cima de su carrera artística.

Jorge Negrete, entonces presidente de la ANDA, fue el encargado de atender lo concerniente a la recepción e inhumación de los restos de la artista y de su padre. Pedro, además de haber ido hasta el lugar del accidente, en compañía de su hermano José, con las brigadas de rescate, brindó el apoyo logístico necesario: recursos, gente y una buena cantidad de caballos para llegar hasta donde fuera posible y supervisar así el traslado de los restos de su querida compañera. Durante el sepelio hizo una guardia permanente y llevó en hombros el ataúd[32] hasta el Panteón Jardín. Pero ¿realmente separó la muerte a esta inolvidable pareja del cine nacional? En lo personal creo que no, sus tumbas están a escasos veinte metros entre sí, y, además, muy cerca de Jorge Negrete.

Al morir Blanca Estela, Pedro solía comentar con Ismael Rodríguez:

—Sé que voy a morir en un accidente de aviación y te prevengo: somos el trío triunfador, primero fue la Chorreada, en avión. Yo me voy a dar en la madre, también en avión, y tú lo mismo.[33]

El vaticinio se cumplió en parte; a don Ismael le esperaba un destino diferente: terminó sus días de manera natural en agosto de 2004.

A fines de 1949, y durante el año siguiente, en la radio se escuchaba "Perdón no pido", "Adiós mis chorreadas", "Tú sólo tú", "Dos arbolitos", este último tema es de la película *La mujer que yo perdí,* y según los especialistas bien podría considerarse como el primer videoclip mexicano. Sin embargo, la tonada que surcaba el país a todas horas era "Amorcito corazón", tema de las películas *Nosotros los pobres* y *Ustedes los ricos,* éxito que aún en nuestros días continúa vigente.

Fue el 23 de abril de 1949 cuando el músico Juan Buitrón dirigió al mariachi que acompañó a Pedro en la sesión de grabación.[34] Como nota relevante debo señalar, además, que fue el primer bolero con este tipo de acompañamiento. Nace el bolero ranchero.

El éxito fue impresionante. El disco fue lanzado al mercado el 15 de mayo de 1949 y durante más de un año se mantuvo en el primer lugar de ventas. La gente apenas se percató de que en las películas se había utilizado una orquesta para interpretar "Amorcito corazón", incluso que Blanca Estela Pavón había hecho la segunda voz. A partir de esta grabación, Peerles creó el bolero ranchero, que en la voz de Pedro nos dio inolvidables grabaciones como "Cien años", "Muñeco de cuerda", "Di que no", "Tu vida y mi vida", "Contigo en la distancia", "No me platiques", "Que seas feliz", etcétera. Canciones que a fines de los cincuenta e inicios de los sesenta fueron la plataforma para que se consagrara otro gran cantante mexicano, el también inolvidable Javier Solís, el Rey del Bolero, amigo fiel y admirador leal de Pedro.

De esta forma, al comienzo de los cincuenta, Infante se consolidaba como el ídolo en torno al cual se tejería una leyenda aún viva para muchos mexicanos.[35]

Enamorado de la música romántica, llevó a los acetatos infinidad de boleros románticos, que en su voz adquirían una gran calidez. En este género le grabó a com-

Pedro Infante Encarnará al Inolvidable Guty Cárdenas

La madre del llorado compositor elige a Pedro para que viva en la pantalla el papel de su hijo

"Es el único que puede matizar las canciones y llegar al corazón con el mismo sentimiento con que lo hacía Guty", dice doña María Pinelo de Cárdenas, quien anuncia, además, que en breves meses ya tendrá lista la biografía de su hijo.

Por OMETECUHTLI

Pedro Infante muere antes de la realización de la película en la que cantaría a Guty Cárdenas.

Mérida. Nota periodística (1956-1957).

positores como Agustín Lara, Chucho Rodríguez, Ernesto Cortázar, Pedro de Urdimalas, Victoria Eugenia, Consuelo Velázquez, Gilberto Parra, Joaquín Pardavé, Alberto Cervantes, Felipe Bermejo, Bobby Capo, Claudio Estrada, Rubén Fuentes, Tomás Méndez, César Portillo de la Luz, Mario Molina Montes, Rafael Ramírez, José Mojica, Luis Demetrio, Rafael Hernández, Alfredo el Güero Gil, Chucho Martínez Gil, José Antonio Méndez, Wello Rivas, José Antonio Zorrilla (Monis), Ricardo López Méndez y muchos otros. Álvaro Carrillo empezaba a sobresalir y Pedro llegó a interpretar algunas de sus canciones, pero desafortunadamente ninguna de ellas llegó a los estudios de grabación.

En el caso de la música yucateca, le grabó a algunos destacados compositores. Incluso estaba casi listo un trabajo de trova en el que grabaría catorce temas de diversos autores de esa hermosa región; particularmente de Guty Cárdenas (Augusto Cárdenas Pinelo, 1905-1932), a quien estaba estudiando intensamente, por ya existir el proyecto de llevar a la pantalla, a fines de 1957, la vida de este brillante compositor. En Mérida, en el museo de la canción yucateca existe, en el salón dedicado a Guty, el testimonio de la madre del compositor que sólo autorizaría a Pedro Infante para hacer en la pantalla la historia y vida del gran Guty Cárdenas.

4. DOSCIENTAS HORAS DE VUELO

Desde fines de los años cuarenta, Pedro empezó a comprar avionetas que él mismo tripulaba, no sin antes haber cumplido con el entrenamiento necesario para obtener su licencia de piloto (1948); tiempo después, según aumentaron sus horas de vuelo y experiencia, obtuvo la de piloto privado y, más tarde, la de capitán piloto aviador (CPA), como nos comenta mi querido "papi" don Andrés García Lavín, bajo la tutela de instructores como Alberto Solís Pinelo y don Julián Villarreal, quien era el socio mayoritario de la empresa Transportes Aéreos Mexicanos, S.A. (TAMSA), y que tenía como base y ruta de tráfico comercial el D.F. y la ciudad de Mérida. Precisamente, a inicios de los cincuenta, Pedro se asoció con esa empresa, y su relación con Yucatán se hizo más estrecha. Una región entrañable en la que, por lo demás, realizó gran cantidad de presentaciones.[1] Mucha de su vida privada y empresarial se desarrolló dentro del territorio de la hermosa península, lugar donde sus negocios inmobiliarios lo llevaron a adquirir diversas propiedades.

A principios de los cincuenta, Pedro estaba en su mejor momento artístico, triunfando dentro de un ambiente que muchos consideran la época de oro del cine nacional. Por lo mismo, sus ingresos personales correspondían a su importancia en el medio. Además, éstos derivaban de múltiples actividades: cine, presentaciones personales y grabaciones; en cuanto a estas últimas, por ejemplo, cobraba un cantidad determinada por cada disco.

Como lo expresa Emilio García Riera, en el último de sus libros sobre el cine mexicano: "nueve películas hechas en la época de Ismael Rodríguez con Pedro Infante dieron al primero gran prosperidad y al segundo la máxima popularidad de que haya disfrutado un actor mexicano en su país. Y aún cabe un matiz: Cantiflas, pese a su enorme arrastre taquillero, no pudo tener un áurea mítica, conferida al simpático Infante por un gran público popular que lo sentía cercano y propio; Negrete nunca logró algo parecido".[2]

En enero de 1950, sus compromisos lo llevan a Tamaulipas, sitio al que es invitado por la esposa del entonces gobernador Raúl Gárate Leglen, quien le solicita una presentación en beneficio de los niños de la calle, en la ciudad de Nuevo Laredo. Convencido del propósito altruista, Pedro acepta el compromiso y, una vez acordada la fecha, el evento se lleva a cabo en el cine teatro América, que posteriormente se llamó Electra.

Las localidades se agotaron de inmediato. Cientos de personas que deseaban verlo y escucharlo permanecieron en las afueras, aunque no por ello quedaron defraudadas, pues una vez terminada su actuación en el escenario, salió a encontrarse con sus seguidores, brindándoles un recital al aire libre. Y ahí le amaneció, entre otras cosas, firmando autógrafos y disfrutando la convivencia con el público tamaulipeco.

Su proceder altruista era una actitud que prodigaba por convicción, sobre todo, entre sus seres queridos y amigos cercanos. En este sentido, cabe mencionar que fue un hombre muy religioso, y no era extraño verlo orar en algún templo cercano. Incluso en su famosa casa de la carretera a Toluca hizo construir una capilla; y también en la fachada se podía observar una imagen de la Virgen de Guadalupe en la entrada principal, antes de que el inmueble fuera demolido en 1996.

En ese año filma *Sobre las olas,* cinta en la que interpreta la vida de Juventino Rosas, quizá una de sus películas preferidas. En ella, Pedro se revela como un actor de recursos. Y la escena en la que dirige la Orquesta Sinfónica Nacional que interpreta el famoso vals, en el marco del Palacio Nacional, es francamente inolvidable.

En la entrega de los Arieles de ese año, premiación que solía convocar a todo el mundo artístico, los medios daban por hecho que Pedro obtendría una de las famosas estatuillas, precisamente por su actuación en dicha cinta. Sin embargo, al final, el galardón fue para el también gran actor Carlos López Moctezuma, a quien Pedro, a pesar de su desilusión, felicitó sin reservas. Fue entonces cuando sus amigos y él mismo, quizá como una forma de minimizar lo ocurrido, comenzaron a pedir más rondas de coñac, hasta que el asunto terminó en una buena borrachera. Algo común de presenciar para el personal del centro nocturno El Patio, lugar donde ocurrió el evento, pero algo excepcional en Pedro, de quien ya hemos dicho no era muy afecto al alcohol.

Disfrutaba del triunfo pero no por ello olvidaba su sencillo origen, como lo demuestra lo sucedido el 22 de febrero de 1950, cuando firma como testigo en la ceremonia civil que enlazaría en matrimonio a los padres de quien esto escribe: don José Delfino Infante Cruz y de mi adorada madre, Olga Trinidad Quintanilla Vargas. En esa ceremonia, al preguntarle el juez a Pedro su ocupación, para asentarlo en el acta, éste contestó "carpintero". Ante esto el funcionario le requirió que si de verdad quería que así se asentara.

—Eso soy: carpintero, y con mucho orgullo.

Meses después filmó *Isla Marías,* donde mostraba al público la vida de los reclusos en ese centro penitenciario.

Esta cinta fue dirigida por el mítico cineasta Emilio el Indio Fernández. Pedro, para construir su personaje, alternó con presos auténticos y de esta convivencia derivó un sincero aprecio hacia él, quien aprovechó el momento para llevar un poco de alegría y aliento a quienes tal vez habían perdido la esperanza de obtener su libertad. Pedro llegó a liberarlos espiritualmente a través de sus canciones, mismas que sobrepasaban cualquier barrera. "En esta película se manejan los estereotipos y los modelos de comportamiento de la familia tradicional, pero lo importante de *Islas Marías* es que ya muestra a Pedro Infante en la capacidad absoluta de sus cualidades histriónicas."[3] Esta película mostraba al mundo los escenarios reales de las famosas islas, que en esos tiempos fueron tema de muchas historias.

Pedro dominaba el escenario musical y artístico de la época; sus grabaciones eran un éxito continuo. Entre sus éxitos musicales de esos momentos podemos contar: "Cuatro vidas", "La negra noche", "Oye vale", "Por un amor", "La casita", "Las mañanitas", "Oyes Lupita", "Con un polvo y otro polvo", "El gavilán pollero", "Alevántate", "En tu día", "El Alazán y el Rosillo", "Ella", "El lavadero", "El muchacho alegre", "El rebelde", "La que se fue", "Nocturnal", etcétera. En ese año (1950) acudió con más frecuencia a los estudios de grabación. Casi cada seis días se lanzaba una nueva canción, hasta completar un total de cincuenta y seis temas que se convirtieron en grandes éxitos.

Esa insólita capacidad para convertirse en un icono, que incluso compendiaba el total de aspiraciones de un público que abarcaba los más diversos estratos, hizo que mucho antes de su muerte, Pedro Infante fuera tema de análisis psicosocial. Se ha discutido, entre otras cosas, si representó al macho mexicano. Para Careaga, sí lo era, "pero en términos de comportamiento ético, ya que no engañaba ni golpeaba a las mujeres". Esto se refleja, por ejemplo, en *El gavilán pollero,* película filmada en octubre de 1950, acompañado de sus amigos Antonio Badú y Lilia Prado, cuyo argumento se centraba en una "expresión de cultura sobre el estereotipo de la amistad del macho mexicano".[4] En esta cinta debutó como director un discípulo de Ismael Rodríguez e íntimo amigo y compañero de Pedro, el regiomontano Rogelio A. González, quien realizó una buena comedia donde se veían las "ambigüedades de la amistad misógina entre los machos del género ranchero, al cabo de delirios alcohólicos, protestas de cariño mutuo y puñetazos más amorosos que agresivos".[5]

El auge de la comedia campirana cuyos argumentos pretendían describir al México de principios del siglo XX, se debió a que era la forma de vida de muchos capitalinos, que provenían de la provincia. Por ello resultó muy simpática la escena de los dos rancheros que llegan a un centro nocturno y bailan el "Mambo núm. 5" con un frenesí que se contagia de inmediato. En mi opinión, la sola interpretación de la canción "Ella", en esta cinta, casi desquitaba el boleto. En conjunto, estas películas reflejaban los valores simples de la época, como cuando Pedro le reclama al padrote que le pega a una de las cabareteras diciéndole: "Eso no es de hombres, ni de mexicanos", y se arma la gresca. Un idealismo quizá sin futuro, pero no por ello menos válido.

En esta cinta es muy notorio el hundimiento que Pedro presenta en el lado izquierdo de la frente, ocasionado por el accidente aéreo ocurrido en Zitácuaro. Una lesión de alto riesgo, con elevada posibilidad de tener consecuencias graves que, de mayo de 1949 a mayo de 1951, estuvo desprotegida hasta que, finalmente, le implantaron la famosa placa de platino. Sin embargo, durante ese par de años, el ritmo de trabajo tanto fílmico como discográfico fue el más elevado de su vida artística.

En *También de dolor se canta* tuvo como coprotagonista a Irma Dorantes. En esta cinta, Pedro realiza algunas imitaciones de Emilio Tuero, Tito Guízar y del propio Pedro Vargas, precisamente con el Tenor Continental. "La negra noche" fue la canción de esa escena, ahora de antología. Debe destacarse que siempre hubo una gran amistad y respeto entre estos tocayos, quienes compartieron varios escenarios, como el teatro Million Dollar de Los Angeles.

En esa cinta también canta "La barca de Guaymas", casi un himno en las hermosas tierras sonorenses. Hay también una intervención única del excepcional comediante Germán Valdés, Tin Tan, quien se dirigía a su amigo Pedro diciéndole: "¿Qué pasa mi ídolo?".

Tin Tan y Pedro fueron grandes amigos y admiradores recíprocos del trabajo de cada uno, incluso en algunas temporadas coincidieron en el teatro Follies Bergere. Ambos compartían algunas aficiones. Sobre esto se sabe que, en alguna ocasión, Tin Tan, quien disfrutaba de veras de las delicias del mar, invitó a Pedro a gozar del puerto y bahías de Acapulco, en su yate.

En ese mismo año filmó *Las mujeres de mi general*, junto con Lilia Prado y Miguel Manzano. En esta película, Pedro representa a un héroe revolucionario que se transforma en líder popular y que se identifica con los que menos tienen.

El 13 de julio de 1950 representa un hito dentro de la música popular: Pedro graba "Las mañanitas", canción que hasta nuestros días, según informes de la Asociación de Vendedores de Discos, es el tema más vendido en la historia de los fonogramas nacionales. Una selección casi obligada cuando se festeja un cumpleaños; interpretación que se oye a diario en la radio, en prácticamente todos los programas matutinos del país.

El regreso a la XEW

El 18 de enero de 1951 filmó *Necesito dinero,* con la bella actriz española Sarita Montiel. "A partir de este momento, el héroe de la comedia ranchera también se ha convertido en héroe del melodrama citadino, en el pícaro de la ciudad, en el hombre que va a inventar cien mil cosas para poder subsistir en esa gran ciudad."[6] Registro muy cercano de la preocupación de las clases medias por ascender socialmente, luchando por una vida mejor, por lo que Manuel, el Mecánico, interpretado por Pedro, es un reflejo fiel de esta ambición.[7] Antes la superación implicaba un esfuerzo, ahora es una necesidad imperiosa el estudiar y trabajar para superar carencias y alcanzar mejores niveles de vida, práctica cotidiana en la sociedad del siglo XXI. En cuanto a esto considero que el modelo económico anterior era más equitativo que el de hoy; había más posibilidades de desarrollo; la población era mucho menor y tenía mejor calidad de vida.

Hemos dicho en páginas anteriores que, con el tiempo, habría de regresar a la XEW, en plan triunfal. En efecto, en esta época, el éxito de la radionovela *Martín Corona* tuvo inusitados récords de audiencia, lo cual provocaba enormes caos viales en las avenidas que circundan esa radiodifusora. En el Eje Central, antes San Juan de Letrán, Ayuntamiento y calles circunvecinas se paralizaba el tránsito con la presencia de Pedro. Fueron memorables esas jornadas radiofónicas; él dedicaba horas a firmar autógrafos, dialogando y conviviendo con sus seguidores. En ese programa de radio, Pedro trabajó con Eulalio González Reséndez y ahí nació el personaje el Piporro, apodo creado por un inolvidable conductor, el Bachiller Álvaro Gálvez y Fuentes. Recordemos que el actor neolonés y Pedro habían comenzado su amistad en Monterrey, a principios de los cuarenta, cuando Pedro se iniciaba en su quehacer artístico, y solían coincidir en presentaciones, giras y eventos musicales, sobre todo en algunos centros nocturnos de la hermosa Sultana del Norte. El Piporro acompañó a Pedro en momentos difíciles, y él correspondió con creces a la amistad desinteresada que le brindó don Eulalio.

Años después, el 12 de septiembre de 1956, en su penúltima sesión de grabación, Pedro llevó al acetato una canción compuesta por el Piporro, "El gorgorello", tema que no tardó en alcanzar los primeros lugares.

Desafortunadamente sobre esa exitosa radionovela no existe grabación alguna, pero sí muchas crónicas periodísticas. En esa brillante época de la w, Pedro coincidió con figuras como Agustín Lara, Pedro Vargas, Toña la Negra, María Victoria, Panzón Panseco, Gabilondo Soler, Cri Cri, y muchas más, entre ellas, Lola Beltrán, quien en esa época era una secretaria en la emisora. Su paisano la animaba a que se lanzara a cantar, ya que en un convivio la escuchó y de verdad le agradó su capacidad interpretativa. Es por esto que las primeras grabaciones de doña Lola fueron covers de los éxitos del ídolo.

También en 1951 filma *A toda máquina* (ATM) y *¿Qué te ha dado esa mujer?*, junto con Luis Aguilar, el Gallo Giro, y Carmen Montejo, actores muy populares y consentidos por el público. En esta cinta, Pedro y Luis interpretaban a una audaz pareja de motociclistas, oficiales de tránsito. Comenta Ismael Rodríguez: "Cuando en ATM debía salir brincando a once personas con la moto, yo tenía su doble

Pedro Infante en *A toda máquina* (1951).

y todo preparado; sin embargo, ni cuenta me di del momento en que Pedro tomó el lugar de aquél. Yo empecé a tomar acción y entonces me percaté de lo que pasaba y ya ni modo de cortar. Era muy juguetón, le encantaba hacerme enojar".[8] De esta anécdota pueden rescatarse dos cosas importantes: primero, que Pedro era diestro en el manejo de la Harley-Davidson; segundo, que manifestaba un profundo compromiso con su trabajo, pues tenía poco tiempo de haber ocurrido su accidente aéreo en Zitácuaro, y aún no tenía la placa de platino que más tarde le protegería la frente. El tema de esta cinta, "¿Qué te ha dado esa mujer?", se convirtió en canción emblemática del cuerpo de motociclistas de tránsito, así como de distintas agrupaciones y organizaciones civiles, como la Fraternidad de Policías de Caminos y Cuerpo de Motociclistas y la Confederación Nacional de Policías de Tránsito y de Caminos.

Además de este tema, en esa cinta también se interpretaron las canciones "Yo no fui", "Bésame mucho" y "Enamorada", de Consuelo Velázquez, éxitos que se han mantenido vigentes por más de medio siglo.

En esa época, el director de Tránsito del Distrito Federal era el general Antonio Gómez Velasco y el Jefe de Circulación el coronel David Arce Rayón, los cuales llegaron a ser excelentes amigos de Pedro, a quien dispensaron un gran aprecio, al punto de comisionar a dos oficiales para apoyo logístico y personal del actor. Estos elementos fueron Francisco el Indio Sandoval y Enrique López Zuazua, populares uniformados con los que llevaría una sólida amistad, cuyos consejos sobre técnicas de manejo y acrobacia sobre motocicletas Harley-Davidson fueron inapreciables. Pedro puso de moda el transitar en grupo, en moto, por las principales avenidas de la capital, en particular, por Insurgentes, Reforma y San Juan de Letrán.

En 1951 destacan sus grabaciones: "Qué suerte la mía", "Soy infeliz", "Día nublado", "Despierta", "¿Qué te ha dado esa mujer?", "Copa tras copa", "Paloma querida", "Carta a Eufemia", entre otras.

A pesar de haberse recuperado del accidente aéreo, ocurrido en 1949, gracias al riguroso seguimiento de los tratamientos médicos, Pedro padecía fuertes dolores de cabeza, y se quejaba de frecuentes pulsaciones y disminución de la capacidad auricular del lado izquierdo, debido a la exposición de esa parte de la frente, que le quedó sin defensa, y con el riesgo implícito de recibir un golpe de graves consecuencias en esa zona. Así las cosas, después de varios estudios, el médico Manuel Velasco Suárez decide volver a intervenirlo.[9]

El 18 de mayo de 1951 ingresa de nuevo al quirófano, para que le fuera consolidada la parte desprotegida del cráneo con una placa de Vittalium de seis centímetros de diámetro. Esta riesgosa cirugía corrigió los males que le aquejaban y su rápida recuperación le permitió volver, en mejores condiciones, a sus actividades cotidianas sin ninguna secuela.[10] Seis semanas después de la operación, cumplía ya con ensayos, sesiones de ejercicios y, sobre todo, compromisos y presentaciones. A fines de ese año, empieza a filmar *Ahí viene Martín Corona* y *El enamorado;* una vez más con la actriz española Sarita Montiel, a quien le prometió devolverle la visita, hecho que nunca se pudo realizar. En esta cinta también trabajó su gran amigo Eulalio González, el Piporro, quien con sus particulares ocurrencias y, sobre todo, con su muy original forma de interpretar la música norteña se iba colocando, cada vez más, en el gusto del público.

En una de las escenas de *Martín Corona,* canta "Paloma querida" de José Alfredo Jiménez, su apreciado compadre y compañero, mismo que le hace segunda, acompañados por la inigualable guitarra de don Antonio Bribiesca. Tal escena resulta excepcional, pues en ella aparecen tres auténticas leyendas del espectáculo nacional.

Mérida, un lugar cerca del paraíso

El ser un piloto consumado le dio la posibilidad de un rápido desplazamiento a cualquier parte. Esto hizo que, desde 1948, su lugar predilecto para descansar fuera la ciudad de Mérida y diversas regiones de Yucatán y Quintana Roo, donde había invertido en propiedades y negocios. En esos lugares, además de estudiar libretos, convivía con amigos y compañeros, y hasta llegaba a raptarse a sus compañeros para agasajarlos en su casa de Mérida, en la Avenida Itzaes, o en el Puerto de Progreso. Como anécdota al respecto, el relato de don Jesús Briz Infante, quien en vida fuera propietario y fundador del restaurante El Cardenal, en la calle de Palma, en el Centro Histórico de la ciudad de México es por demás elocuente:

"En septiembre de 1956, en Mérida, me encontré en un taller mecánico a Pedro, quien traía un hermoso Mercedes deportivo convertible. No lo conocía personalmente, sin embargo, lo abordé y me trató de una forma muy sencilla. Para él fue una alegría el conocer mis apellidos y mi lugar de origen [Ario de Rosales, Michoacán]. Recuerdo que me dijo:

—¡Somos parientes!, te espero en la noche en mi casa a cenar.

Me dio la dirección y pasé una excelente velada, acompañado de sus amigos actores y algunos trabajadores de las empresas aéreas establecidas en el aeropuerto de la ciudad. El convivio se realizó en el jardín, al lado de una hermosa alberca. Al retirarme de la reunión se sentía algo de fresco, por lo que me regaló una chamarra:

—Para que te tapes —me dijo. Desde entonces, me siento uno más de la familia Infante."

En este contexto, también viene al caso lo que le ocurriera a Ismael Rodríguez, al estar analizando las posibilidades de un libreto:

"Por cierto que una vez para leérselo, me mandó desde el aeropuerto a este motociclista destacadísimo, que también ya murió, el Indio Sandoval. Yo suponía que Pedro estaba en su casa, pero el Indio empezó a jalar para otro lado y me dijo que antes debía pasar a cumplir un encargo de aquél. Cuando llegamos al aeropuerto ya estaba abierta la puerta del avión y Pedro:

—¡Psh, psh, súbete!

—¿Qué?

—¡Súbete, vamos!

—Oye, no la amueles, esto no se hace.

—Muchachos: ¡súbanlo!

—Bueno, ya en ese plan me subo yo solo, pero por lo menos me dejas avisar en la casa.

—¿Para qué? Ya dejé dicho que te he secuestrado y te llevo a Mérida

—OK, te traje...

—¡Ah, el argumento!

En el camino empecé a leérselo, mientras él conducía. Era muy buen piloto, aunque murió en un accidente de aviación... Buscaba nubes para meterse en ellas y asustarme con las turbulencias... muy travieso."[11]

Pedro disfrutaba mucho de la aeronáutica y cuando tenía tiempo libre, o incluso disponía de varios días, se iba con su hermano Pepe, o algún amigo, al aeropuerto de la ciudad de México, abordaba su avión y en un par de horas llegaba a Mérida, para supervisar asuntos personales y disfrutar del clima, los paisajes y la gastronomía, además de la alegre convivencia que le brindaban las amistades que lo acompañaban al precioso estado de Yucatán. Su casa en Mérida estaba en la Avenida Itzaes con 73, número 587. Finca que hoy en día es un hotel. Este inmueble le fue vendido por Julián Villarreal a Ruperto Prado, rico chiclero y henequenero de Yucatán, originario de Toledo, España, y con quien Pedro mantuvo una entrañable amistad, casi una relación de padre e hijo. La familia Prado, entre fotografías y anécdotas, aún debe tener muchos recuerdos de la presencia de Pedro en tierras yucatecas y quintanarroenses.

El señor Prado cedió el inmueble a Pedro, quien le hizo diversas remodelaciones y, a su muerte, don Ruperto vendió el inmueble a otro amigo de ambos, el conocido joyero Alfonso García, quien se dio a la tarea de convertir aquella casa en hotel. Pedro iba con frecuencia a su joyería a comprar alhajas y de ese trato continuo surgió una buena amistad. Abundando sobre esto, es sabido que la famosa esclava de oro del artista fue hecha por el orfebre Wilberth Eduardo Rosel Zapata (Wilo), quien además le hizo diversas piezas exclusivas: medallas, esclavas, clips para billetes y otros finos encargos. Wilo aún vive y tiene una joyería en el Centro Histórico de Mérida.

Don Alfonso García compró el inmueble en 1960, y lo convirtió en hotel en 1962, pero conservó intactas las características de la casa, en cuanto a disposición de las habitaciones, alberca y gimnasio, que constituían el atractivo del hotel. Al fallecer, en 1990, el inmueble lo heredó su hijo Alfonso, quien quizá por falta de experiencia en el ramo hotelero, tuvo en los últimos años una caída en el ritmo de sus servicios, por lo que, en 2004, decidió venderlo al también hotelero Juvencio Sosa Chacón. En la actualidad se ha remodelado con mucho interés, para convertirlo en uno de los mejores lugares turísticos de Mérida, sin modificar la casa original en la que vivió el ídolo y que lleva por nombre "Boulevard Infante". Lugar donde hoy en día por conducto de Bekina Fernand, se realizan excelentes reuniones bohemias todos los viernes y en su aniversario luctuoso, emotivas conmemoraciones.

Su identificación con el estado de Yucatán fue absoluta; realizó gran cantidad de presentaciones en el teatro Peón Contreras, en la Plaza de Toros y en algunas haciendas henequeneras. Compraba propiedades, cuidaba de sus inversiones en la empresa TAMSA, adquiría vehículos último modelo y motocicletas Harley-Davidson. Poco a poco se convirtió en una presencia cotidiana en la ciudad, pues era muy común verlo en algunos restaurantes, en la plaza mayor, en el barrio de Santiago, en el Paseo Montejo o en el Mercado Municipal, comprando cochinita y pollo pibil. Entre sus platillos favoritos estaban los panuchos de pavo o pato, plátanos fritos y el relleno negro y, en general, toda la deliciosa comida yucateca. Al respecto, Wilo Rosel nos relató: "Me invitaba a su casa a entrenar fuerte, horas de alto rendimiento, cuando estaba su hermano Pepe; eran jornadas deportivas realmente de campeonato; tomaba café mientras entrenaba y después de las horas de gimnasio, me pedía que trajera panuchos de pavo o pato de la lonchería Xpil, que en aquellos años era muy conocida en la ciudad. Costaban cincuenta centavos, pero a él se los cobraban a cinco pesos porque eran especiales para él, eran panuchos gigantes".

Era frecuente su estancia en las playas de Chelem, Yucalpetén y de Progreso. También era asiduo paseante del barrio de San Sebastián, cerca del antiguo Rastro de la ciudad de Mérida, donde seguramente visitaba a alguna enamorada; y en La Gatita Blanca tomaba un aperitivo y saludaba a sus amigos y vecinos meridanos. Todavía anda por ahí el trío Los Tecolotes, que acompañaba a Pedro en sus reuniones y compromisos personales.

Aquí vale la pena recordar la presencia de Infante, en Cozumel por conducto de su gran amigo el empresario Nacim Joaquín Ibarra, padre del exgobernador Pedro Joaquín Coldwel y a quien lo llamaron Pedro, por su compadrazgo y amistad con el ídolo. Asimismo su amistad con la familia Ponce y García Lavín, grandes empresarios yucatecos, confirmaba sus lazos con la península; igualmente sus visitas a Isla Arena Campeche eran muy frecuentes al grado que hoy existe un museo y un monumento dedicado a su figura.

Lupita Infante rumbo al Museo API en la Isla Arena, en el municipio de Calkiní, Campeche.

Si te vienen a contar

En esta época, sus hermanos Ángel y José compartían múltiples actividades con él. Ángel iba consolidando su propia carrera dentro del espectáculo y su hermano José destacaba como ciclista, acróbata, atleta incansable, obteniendo continuos triunfos en esta actividad, al grado de ser parte de un grupo de acróbatas profesionales, Los Grecos. En este ambiente de dinamismo sus inseparables amigos motociclistas Francisco Sandoval y Enrique López Zuazua mantenían su apoyo como escolta oficial para facilitar sus traslados. Este hecho los convirtió en camaradas inseparables con los que compartió múltiples experiencias tanto de su vida pública como privada. Juntos eran todo un acontecimiento en los eventos familiares o sociales.

En 1951 realiza una nueva gira por California, Arizona, Nuevo México y Texas, en la que el común denominador fue el éxito, pues era el artista favorito del público de origen mexicano y los escenarios se le entregaban tanto o más que a las grandes figuras internacionales que se presentaban en los Estados Unidos. Por contraste, en su vida personal surgieron complicaciones. En diciembre de 1951 se divorcia al vapor de María Luisa León, en Tetecala, Morelos. El motivo de ello fue que en ese tiempo Pedro mantenía un intenso romance con Irma Dorantes (Irma Aguirre Martínez). No obstante, el trámite carecía de validez, pues la firma de María Luisa León había sido falsificada, lo cual implicaba un procedimiento ilegal. Al ser notificada la señora León, en enero de 1952, interpuso una demanda para hacer improcedente tal divorcio, que fue declarado nulo, meses después de los hechos.[12]

En ese mismo año, quizá como una forma de rescatar la relación, le compra otra casa a María Luisa, en la calle de Rébsamen, junto a la que ya poseía, e inician su remodelación. Asimismo compra su famosa residencia de la carretera México-Toluca,[13] a la cual añadió alberca, gimnasio, boliche, sala de cine, capilla, etcétera. Esta preciosa mansión en Cuajimalpa, se hizo famosa principalmente por quien la habitaba. En efecto, Pedro pasó a ser el vecino más querido de los habitantes de la región. Desafortunadamente, después de un largo litigio, esta casa fue derribada en 1996 para edificar condominios horizontales.

Sin embargo, los habitantes de Cuajimalpa y las autoridades de la delegación suelen organizarle homenajes al artista, sobre todo en su aniversario luctuoso, recor-

Con Refugio Cruz, su madre, en su casa de Cuajimalpa.

dando con esto al inolvidable vecino que tanto apreció a los cuajimalpenses. En la plaza principal de la delegación se encuentra un pequeño busto en su honor y el foro de la misma lleva por nombre Foro Pedro Infante.

Cabe mencionar que Pedro convivía frecuentemente con sus vecinos. Se hizo tradición que cada 6 de enero, día de Reyes, hubiera grandes filas de personas a las afueras de su domicilio en espera de un regalo de manos del actor. Asimismo trabajaba con ellos en las minas de arena, que en aquella época era una actividad común en Cuajimalpa. Esta labor la asumía como parte de su constante entrenamiento, pues el ejercicio físico formaba parte de su estilo de vida. Trabajaba a la par de los mineros, cargando los pesados bultos de arena y a la hora de la comida compartía con ellos sus alimentos. En esas ocasiones contribuía con varios kilogramos de carnitas y barbacoa; sin embargo, él sólo comía de los sencillos alimentos que llevaban los trabajadores.[14]

Ángel Infante protagonizó en ese año (1952) *Por ellas aunque mal paguen,* producción del señor Grovas, con Silvia Pinal y Fernando Soler, cinta en la que Pedro lo apadrinaría con una breve aparición al interpretar con su querido hermano "Las Isabeles".

En febrero en 1952 filma *Un rincón cerca del cielo* y *Ahora soy rico,* compartiendo estelares con Marga López, Silvia Pinal, Andrés Soler y su amigo y compadre Antonio Aguilar. Cintas dramáticas que tratan de reflejar las angustias y dificultades de los capitalinos de bajos ingresos, que andan en busca de mejores oportunidades. En la película, Pedro González (Infante) se casa con Margarita (Marga López), y ambos consiguen, en un barrio humilde, un rincón cerca del cielo; pero las desgracias y mala suerte los persiguen.

"*Un rincón cerca del cielo* expresa toda la ideología del viejo cine mexicano, de que los pobres se van al cielo y los ricos al infierno. Los amores eternos de la pobreza, el sufrimiento hasta los límites de la muerte para encontrar la redención final, y un intento de recrear la atmósfera de la capital a principios de los cincuenta, donde aparecen Chapultepec, los mercados públicos, las vecindades miserables, las calles céntricas, etcétera."[15] Una sorprendente referencia para la historia musical de México fue que en la cinta *Ahora soy rico,* Tony Aguilar y Pedro conjuntaron sus voces para interpretar a dueto el tema "Mi adoración".

En junio de ese año inicia la filmación de *Los hijos de María Morales,* comedia ranchera de entretenimiento familiar, donde se destacan los valores campiranos. Compartió estelares con su amigo Antonio Badú, Irma Dorantes, Carmelita González y Andrés Soler.

En agosto, comienza el rodaje de *Dos tipos de cuidado,* dirigida por Ismael Rodríguez, con Jorge Negrete, el inolvidable Charro Cantor a quien Pedro estimaba mucho y que en ese entonces era el dirigente sindical del gremio artístico nacional. Para la realización de esta película se necesitó del apoyo y recomendación presidencial y así poder juntar a estas dos míticas figuras. La cinta fue producida por Miguel Alemán Velasco, quien tuvo la visión suficiente para realizar el ambicioso proyecto con los dos personajes más grandes en la historia fílmica y musical de México, con quienes mantuvo una sólida amistad personal. Las famosas coplas entre Pedro Malo y Jorge Bueno son la apoteosis del género, además de las espléndidas interpretaciones de "O sole mío", por Negrete y la "Tertulia", "La gloria eres tú", por Pedro, y, sobre todo, "Mía", "Fiesta mexicana" y "Alevántate", por ambos. Con Jorge Negrete también compartió memorables presentaciones en el teatro Lírico, donde las localidades se agotaban de inmediato, pues el público quería ver juntos a los dos ídolos de la canción vernácula.[16]

En su temporada inolvidable e histórica en el teatro Lírico, "durante los descansos entre función y función, ambos jugaban al poker, gastándose bromas y tomando café."[17] Del 20 de octubre al 26 de diciembre de 1952, se presentaron en el Lírico de miércoles a domingo; la finalidad principal fue promover la película. Quienes los vieron juntos en esas actuaciones culminantes, con toda seguridad se llevaron el recuerdo de uno de los mejores capítulos de la historia musical, en vivo, de nuestro país. El mejor duelo de cantantes en la historia musical del país, el tráfico se paralizaba en el Centro Histórico, creando un caos total. La gente intentaba por lo menos verlos salir o entrar al teatro.

"En cuanto al argumento de la película *Dos tipos de cuidado* se refiere a dos Tenorios, uno altanero y orgulloso, Jorge Negrete; el otro simpático y dicharachero, Pedro Infante; ahí se desenvuelven las dos figuras máximas, para hacer una comedia brillante, donde se expresan las contradicciones y las ambigüedades del género. En *Dos tipos de cuidado,* se manifiestan los polos opuestos de la comedia ranchera, y de todo el cine mexicano popular a secas, revela sus diferencias a fondo. Jorge Negrete, es el macho adinerado, buen tipo, petulante, agresivo y rencoroso; Pedro Infante es el macho humilde, sometido, estoico y noble. La jactancia de Negrete deriva de una posición elevada, la simpatía de Infante proviene de una compensación humilde y sencilla. Si *Dos tipos de cuidado* es una buena comedia, se debe, en gran parte, a que enfrenta lo disímil e irreconciliable."[18]

Esta película fue estrenada el 5 de noviembre de 1953, en los cines Mariscala y México. Un mes después, el 5 de diciembre de 1953, fallecía Jorge Negrete, cuando la cinta era un éxito de cartelera. La importancia de esta película la resume el periódico *El Universal,* que el 14 de septiembre del 2003, en su sección de espectáculos, refiere lo siguiente: "el 5 de noviembre se cumplirán 50 años del estreno de la comedia ranchera *Dos tipos de cuidado* que ahora se puede ver en formato digital, una de las cumbres del género que tiene el mejor duelo de canciones de que se tenga memoria a cargo de los máximos intérpretes reunidos por primera y única vez para una película, hazaña de la cual fue responsable Ismael Rodríguez, director de la cinta, que por fin juntaba a Jorge Bueno y Pedro Malo. Hoy la película se contempla por los espectadores, televidentes como si fueran fiestas familiares". Película que en 2013, cumplió 60 años de vital e impactante vigencia.

Al finalizar aquel año, Pedro filma *Ansiedad,* con la actriz y cantante argentina Libertad Lamarque, donde el ídolo nuevamente interpreta tres papeles, y canta "Amor de mis amores", "Farolito" y "Mujer" de Agustín Lara.

Más tarde filma *Pepe el Toro,* de gran impacto popular, trama que con el tiempo fue rescatada por el cine internacional, ya que esta cinta puede considerarse como pionera de los guiones boxísticos que dieron vida a películas como *El campeón, El boxeador, Toro Salvaje, La vida de Jack la Motta,* y la serie *Rocky.* En el caso de *Pepe el Toro,* según lo confirma Ismael Rodríguez, Pedro Infante fue el de la idea del argumento: "Fue él quien me impulsó a que me metiera al box. Yo deseaba darle gusto, pero no sabía nada de ese deporte y tuve que meterme seis meses, de función y función, para aprender. Y me gustó muchísimo, inclusive gané unos guantes de oro chiquitos, por la mejor pelea hecha en cine".[19] Con esta cinta, Pedro rendía homenaje a los grandes ídolos del boxeo mexicano. En esta cinta trabaja con Joaquín Cordero (Lalo Gallardo) y Wolf Ruvinski (Boby Galeana). En esos años también llevaba una cordial amistad con Raúl el Ratón Macías, un ídolo del boxeo nacional, cuyo arrastre llevó al presidente de la República, Miguel Alemán, Jorge Negrete y Pedro Infante, a presenciar algunas de sus peleas.

Esta película reunió a Wolf, Joaquín y el mismo Pedro, todos grandes atletas que, de no haberse dedicado a la actuación, sin duda hubieran podido ser figuras del deporte. De hecho, el señor Rubinski había sido un destacado luchador profesional.

Después de casi cinco años de *Ustedes los ricos,* surgió esta nueva cinta en la que Irma Dorantes aparece como Lucha, la vecina enamorada del Torito, quien a su vez veneraba el recuerdo imborrable de su Chorreada y de sus hijos. Como Blanca Estela Pavón ya había fallecido, se agregó a la historia el imprescindible matiz dramático y se asumió que la Chorreada y sus dos hijos gemelos habían muerto en un accidente, por lo que en *Pepe el Toro* representó a un viudo, fiel al recuerdo de su amada pareja.

Durante el rodaje de esta cinta, en algunas entrevistas, Joaquín Cordero me expresó en un evento que organizó mi amigo Gonzalo Castellot, en el año 2002, que había cierta distancia profesional con el ídolo, pero en esos tiempos, e incluso en la actualidad, se tomaron como incidentes normales. Se sabe, por ejemplo, que aun en los ensayos, los golpes fueron reales, pero al final de cuentas todos eran compañeros[20] y no pasaba a mayores.

Las cualidades físicas de Pedro eran reconocidas. En su momento, como lo comenta María Luisa León en su libro, de haber decidido incursionar en el terreno del boxeo profesional, con seguridad hubiera sido un pugilista destacado. Hubo varias riñas callejeras tanto en Culiacán como en la capital, algunas veces inevitables, y en ellas su hermano Pepe estaba atento para evitar que Pedro recibiera algún golpe de seriedad.

Pedro fue un entusiasta del pugilismo, y siempre brindó un sincero reconocimiento a los boxeadores de aquella época. Nuestro querido amigo el empresario y promotor deportivo don Joaquín Badillo nos refirió la siguiente anécdota: "A fines de 1952 se realizó un emotivo homenaje al campeón nacional Lupe González, quien había quedado ciego por los golpes recibidos en su carrera. El boletaje para su función andaba bajo, y como Lupe era amigo de Pedro, le comunicaron esta situación. Él se encontraba trabajando con Jorge Negrete, precisamente en aquella supertemporada única del teatro Lírico. Como se encontraba más o menos cerca del Coliseo, confirmó su asistencia a los organizadores, quienes difundieron su participación en el evento, lo cual hizo que, de inmediato, se agotara el boletaje. La gente estaba eufórica. Pedro apareció en el ring con un hermoso traje de charro, y dirigió unas palabras al público y, sobre todo, dio ánimo a su amigo a quien alentó regalándole el traje de charro y la pistola que llevaba en ese momento".

En materia de discos, 1952 también registró éxitos inolvidables como "El plebeyo", "Nube gris", "Serenata sin luna", "Ahora soy rico", "Esta noche", "Peso sobre peso", "El piojo y la pulga", "Soy muy hombre", "Corazón, corazón", "La tertulia", "El copetín", entre otros. En la actualidad este último tema es una de las canciones favoritas entre la "raza bohemia" de la capital, sobre todo en los restaurantes El Cardenal, de Tito Briz, hijo de don Jesús Briz Infante, donde el violín de Rodolfo López López y el piano de Virgilio Gómez Ramírez dan el toque de elegancia al ambiente; sin olvidar La Mansión, El Cambalache y Puerto Madero, administrados por Carlos Pavlovich, entre tantos excelentes lugares de nuestros días, en donde "El copetín" sigue siendo el propósito y tema de muchos y, por supuesto, en estos últimos años en el restaurante La Casa del Caballero, donde la típica comida mexicana es de antología.

Turbulencias legales

El censo de 1950 reportaba que la capital tenía 3'050,443 habitantes y el país 25'791,017.[21] En efecto, en esos tiempos era un privilegio vivir en la Ciudad de los Palacios. Y en este agradable entorno Pedro comienza 1953 con múltiples presentaciones y giras por Estados Unidos y en el interior del país. En marzo filma la película *Reportaje,* donde trabaja con estrellas consagradas como Manolo Fábregas, Carmen Sevilla, Jorge Negrete y María Félix, película multiestelar

Irma Dorantes y Pedro Infante.

dirigida por Emilio el Indio Fernández y producida por Miguel Alemán Velasco.

El 10 de marzo de 1953, la prensa nacional anuncia la boda de Pedro Infante e Irma Dorantes, celebrada en Mérida, Yucatán. Pedro regresa en abril a la ciudad de México, y en sus declaraciones a los medios confirma el enlace. Pero a pesar de su nueva relación con la señora Dorantes, siguió en comunicación con su legítima esposa, María Luisa, con quien sostuvo frecuentes entrevistas que hicieron posible un buen entendimiento, a pesar del acoso natural de los medios. En este asunto le interesaba, sobre todo, la estabilidad emocional de los hijos que había procreado con Lupita Torrentera y, obviamente, la de sus padres y familia directa.

Una consecuencia de lo anterior y que marcó la vida amorosa de Pedro, fue el hecho de que Lupita Torrentera decidiera distanciarse de él, en forma definitiva. Ella aún era muy joven y volvió a retomar su carrera como actriz y bailarina profesional. Un par de años después rehizo su vida al lado de León Michel, el entonces joven y destacado conductor de radio y de la incipiente televisión. Finalmente, en enero de 1955, contrajeron nupcias, evento que fue muy comentado por los medios y difundido entre la sociedad capitalina.

Pero debemos volver a 1953, porque precisamente en abril de ese año, inicia la filmación de *Gitana tenías que ser,* con la actriz española Carmen Sevilla, una de las mujeres más bellas de la época, a la que Pedro atendió personalmente durante su estancia en nuestro país. En esta convivencia le mostró las bellezas de nuestra patria, prometiéndole que llegaría la ocasión de visitarla en España. Esa fecha nunca llegó, pues aunque tenía programado un viaje a Europa para inicios de 1954, éste se fue posponiendo cada año. Pedro se encariñó mucho con Carmen Sevilla

Pedro Infante, Carmen Servilla en *Gitana tenías que ser* (1953).

pero su situación sentimental y la partida de ella a España apasiguaron el vendaval por venir.

En mayo se dirige a Ciudad Victoria, Tamaulipas, para actuar en la plaza de toros Carlos Arruza. Quienes estuvieron presentes recuerdan que ese día se arremolinó una gran multitud a las puertas del coso para verlo de cerca y solicitarle, al menos, un autógrafo, pues la mayoría de los presentes no tenía dinero para la entrada. Al llegar Pedro y advertir que aún había lugares, solicitó que pasara la gente a ocupar los espacios vacíos y a los que, aun así, no pudieron entrar, les comunicó que lo esperaran, ya que una vez concluido el espectáculo les cantaría afuera. Así que la cantada prosiguió en la explanada de la plaza, en la que el público tamaulipeco pudo escuchar otras quince o veinte canciones más.

Los compositores de la época lo buscaban y le ofrecían sus nuevas canciones, pues se le consideraba el creador del bolero ranchero y una especie de Rey Midas, que todo lo transfiguraba en oro. Durante ese año graba el tema "Cien años", el cual aún en nuestros días es el bolero más conocido de Pedro y el de mayor venta. Asimismo graba "Mira nada más", "Mi aventura", "Ni por favor", "Mi Tenampa", "Entre copa y copa", "Sin futuro", esta última se la adjudica a su compadre José Alfredo Jiménez, al ver que la herida provocada por su rompimiento con Lupita aún dolía. El sentimiento de vivencia auténtica que Pedro ponía en sus interpretaciones era el factor que convertía a cada tema en éxito rotundo, sobre todo en los lugares bohemios. Como dice Olga Wornat: "en 1953 Pedro Infante sonaba en todos los radios".[22]

Durante julio de 1953, la demanda interpuesta por María Luisa León, relacionada con su supuesto divorcio, promovido en Tetecala, en 1952, le es resuelta de manera favorable, y su matrimonio con Pedro Infante es declarado legítimo. Al mes siguiente, el 27 de agosto de 1953, María Luisa León, ante el juzgado mixto de primera instancia, impugna el matrimonio entre Pedro e Irma Dorantes, celebrado en Mérida, Yucatán. Tiempo después el juez declara la nulidad del matrimonio.[23] Irma Dorantes acude entonces ante la Suprema Corte de Justicia, solicitando el amparo de la justicia federal contra la resolución del juez, autoridad que, según ella, no valoró debidamente las pruebas presentadas, ni tampoco consideró su minoría de edad.[24]

Por esos turbulentos días, Pedro sale de gira hacia la ciudad de Los Angeles, donde su popularidad continuaba en ascenso. El público angelino, particularmente el de origen mexicano, se desbordaba para disfrutar de sus actuaciones.

A pesar de los momentos de depresión que le provocaban las consecuencias de sus amoríos, las responsabilidades familiares, el proceso de recuperación después de los accidentes ya referidos y sus constantes compromisos de trabajo, su salud era satisfactoria; el ejercicio, el estudio y su vocación empresarial se convirtieron en su mejor terapia.

En noviembre de 1953 cumpliría 36 años, y antes de finalizar ese año formalizó con Antonio Matouk una sociedad, en la cual producirían sus propias películas y a la que denominaron Matouk Films.[25] Con esto, Pedro debutaba como productor y empresario.

El 5 de diciembre de 1953 falleció Jorge Negrete, un hecho que conmovió a la sociedad entera del país y tuvo gran impacto internacional. Pedro estuvo al lado de su amigo, compañero y líder sindical. Primero, como motociclista de tránsito, iba adelante abriendo paso a la carroza y, más tarde, durante el velorio, se mantuvo al lado de la familia Negrete, confortando a la madre de Jorge. Al día siguiente, la prensa publicaba enormes desplegados y fotos que confirmaban esta afectuosa solidaridad ante lo irreparable. México perdía a una figura nacional y Pedro, a un hermano y consejero de quien recibió siempre una franca amistad.[26]

Entre mil amores y vagabundos

En marzo de 1954 empieza la filmación de *Cuidado con el amor,* con una de las actrices más bellas del cine mexicano, Elsa Aguirre, quien había iniciado su carrera de actriz a fines de los cuarenta, justo en la época de oro del cine nacional. Por supuesto, Pedro no fue inmune a los encantos de la actriz, aunque, en realidad, no pasó de ser una gentil amiga y compañera de profesión. Fue tan solidaria esta amistad que al morir el actor, Elsa, desde Perú, donde se encontraba trabajando, brindó uno de los primeros homenajes declarando su dolor y su amor al ídolo.[27]

Elsa Aguirre, en uno de sus muchos reconocimientos a su trayectoria, el 8 de abril de 2003, recibió un Ariel en el Palacio de Bellas Artes, donde fue entrevistada por la revista *Proceso:*

"—¿Qué le significó trabajar con actores famosos como Pedro Infante, Pedro Armendáriz y Jorge Negrete?

—Como eran ídolos y gente muy conocida, representó para mí algo muy importante. Era una persona despertando a la vida y creo que iba a veces a los estudios más por ver a Pedro Infante que por mi trabajo. Sí, hubo ahí una química, pero en aquel tiempo él era casado, no había la oportunidad de transmitir eso, era prohibido completamente". [28]

Dentro de nuestra historia fílmica musical es memorable la escena en que Pedro dedica a Elsa "Cien años", hasta hoy uno de los temas imprescindibles dentro de su extenso repertorio.

En esta época eran famosas las canastas con comida que la madre del cantante le hacía llegar a los estudios, o donde estuviese trabajando, para cumplir con las prescripciones médicas, así como para garantizar el cuidado dietético que requería.[29] En este sentido, también era legendario el voraz apetito del artista, quien se justificaba diciendo: "Si no como todo esto ¿entonces qué sudo?."[30]

En abril filma *El mil amores* con el inolvidable Joaquín Pardavé, quien fue una pieza clave al impulsar sus inicios musicales en la XEB, cuando don Joaquín era director musical de la orquesta, y con la hermosa Rosita Quintana, amiga y compañera a quien le tenía un especial cariño y confianza personal. En nuestros días, Rosita acude con frecuencia a los homenajes dedicados a Pedro, precisamente en uno de éstos estuvimos con ella, el 13 de abril del 2003, en Cuajimalpa, donde cantó "La verdolaga", como en los tiempos en que se realizó la película.

En junio comienza el rodaje de *Escuela de vagabundos,* con la inolvidable Miroslava Stern, una espléndida belleza de la época. Un año después, cuando apenas se había estrenado esta cinta, Miroslava se quitó la vida en plenitud de sus facultades. La guapa actriz murió en marzo de 1955.

La película fue una exitosa comedia que implantó un nuevo récord de taquilla. Rogelio A. González, el direc-

Con su querida Miroslava en *Escuela de vagabundos* (1954).

tor, hizo la adaptación de un guión hollywoodense *(My Man Godfrey),* y los resultados fueron más que satisfactorios con la actuación de la propia Miroslava, Blanca de Castejón, Anabelle Gutiérrez, Óscar Pulido, Óscar Ortiz de Pinedo y Fernando Casanova. Hoy en día es considerada como una de las más vistas en la historia del cine nacional. Cinta que proyecta inquietudes de los cincuenta, época en la que tener chofer, mayordomo, dos o tres sirvientes, jardinero y pertenecer al club de golf, eran parte de los sueños de la incipiente burguesía mexicana.

Sobre los temas musicales de esta cinta se puede afirmar que todos llegaron a ser éxitos internacionales, como el caso de "Cucurrucucú paloma", canción que Pedro interpreta acompañado del Mariachi Vargas y del Trío Aguileño. Años después, a inicios de los sesenta, su querida paisana y amiga Lola Beltrán retomó el tema y lo volvió parte de su imagen artística. Así como "Quién será" de Luis Demetrio, quien le vendió los derechos de la canción a Pablo Beltrán Ruiz, y en nuestros días es éxito de Michael Bublé.

Su actividad cinematográfica era incesante y en julio filma *La vida no vale nada,* al lado de Lilia Prado, Domingo Soler, Magda Guzmán, Charito Granados y Wolf Ruvinski. Actuación destacada por la que obtuvo el codiciado Ariel.[31] En esta cinta, Pedro interpreta a "un hombre que va en busca de algo o de alguien que quizá nunca encontrará. Existe en el personaje un trasfondo de cultura campesina rural que ha sido impactado por la cultura urbana; es un vago pero no por pereza, es un borracho no por decepción amorosa; es un solitario no por falta de compañía, sino porque todo ello no le sirve para liquidar su desesperanza radical: la soledad del nuevo hombre de la sociedad mexicana que no acaba de integrar sus patrones urbanos con los vestigios de su cultura rural".[32] En la cinta destacan sus interpretaciones de "Fallaste corazón", canción de su amigo Cuco Sánchez, de "Alma", melancólica melodía del gran compositor Chucho Monge y la épica pelea en la playa entre Wolf (el Caimán) y Pedro (Pablo Galván). Para muchos críticos fue su mejor actuación.

En agosto inicia *Canto, pueblo y esperanza,* cinta formada por tres episodios: uno cubano, uno colombiano y otro mexicano, en el que se refleja el valor de la palabra y compromiso cuando un valiente apuesta la vida, en donde tuvo como coprotagonista a Rita Macedo. En esta cinta canta "Marchita el alma", tema sumamente apreciado por los conocedores.

El maratón (Teletón)

Un patronato presidido por el señor Luis Legorreta, con la colaboración del publicista Guillermo Prieto, preparó un evento de 28 horas de transmisión ininterrumpida, por el canal 4 de televisión,[33] con el propósito de reunir fondos y terminar así con las obras de la Basílica de Guadalupe. Pedro aceptó ser el conductor principal de este programa por el que no cobró un solo centavo.

Este maratón televisivo fue, sin duda, el pionero de los esfuerzos, ahora comunes entre las televisoras del mundo, que se ocupan de diversas causas altruistas.

La colosal colecta inició a las 20 horas del día 23 de octubre de 1954, en el estudio número 1 de XHTV, que entonces transmitía desde el edificio de la Lotería Nacional. Pedro se retiró de las cámaras a las 0:30 horas del día 25, tiempo en el que se mantuvo sin dormir y apenas probó algún alimento. En este evento participaron gratuitamente

Marga López, Evangelina Elizondo, Pedro y Pepe Infante en Televicentro (1956)

muchos miembros del medio artístico: bailarines, orquestas, músicos e infinidad de empleados y técnicos de la incipiente industria televisiva.[34] Grandes figuras apoyaron, de manera entusiasta, la reconstrucción de la Basílica, como Tony Aguilar, Tin Tan y Marcelo, Viruta y Capulina, Eulalio González, Piporro, Marga López, Pedro Vargas, Agustín Lara, Sara García, Prudencia Griffel, Silvia Pinal, Lilia Prado, Magda Guzmán, sus propios hermanos Pepe y Ángel, Fernando y Andrés Soler, Roberto Cañedo, Rosita Quintana, Elsa Aguirre, Lilia Michel, Rafael Baledón, Arturo de Córdova, Pedro Armendáriz, Christian Martell, quien hacía poco había obtenido el título de Miss Universo. Y conductores como el Bachiller Álvaro Gálvez y Fuentes, Pedro Ferriz, Pedro de

Lille, Jacobo Zabludovsky, Paco Malgesto, Gonzalo Castellot y muchos personajes más. Con esto, Pedro dejó constancia de su fervor guadalupano y también fue de los primeros actores que religiosamente acudían a la Basílica a llevarle serenata a la Virgen los días 12 de diciembre.

Esta exitosa jornada guadalupana recaudó una cifra superior al millón de pesos, de aquellos pesos fuertes; auténtica hazaña que reflejó el poder de convocatoria de la incipiente TV mexicana. Como anécdota curiosa, ya avanzado el evento Pedro confesó a los televidentes: "Tengo hambre vieja", y empezaron a llegar cientos de canastos con alimentos, los cuales fueron repartidos por los organizadores entre la gente necesitada.

En noviembre inicia la filmación de *Los gavilanes*, primera cinta que produce su compañía (Matouk Films) y en la que comparte estelares con su hermano Ángel Infante y Ana Berta Lepe, quien ese año había ganado el certamen de Miss México y fue cuarto lugar en el concurso Miss Universo, y que desafortunadamente dejó de existir el pasado mes de octubre de 2013.

En esta película aparece también una pequeña con grandes cualidades: Angélica María, quien ya se perfilaba como una estrella del espectáculo y que, a inicios de los sesenta, en plena época del rock, se convertiría en la Novia de México.

Al finalizar el año, Pedro se va a Cuba a cumplir con dos presentaciones que venía posponiendo, en el más importante teatro de La Habana, el Teatro Nacional, ubicado en la calle Prado, entre San Rafael y Neptuno, con capacidad para unas tres mil personas.

Sobre esto me comentó Rogelio Hernández Domínguez (Don Roger), destacado atleta cubano, campeón panamericano de levantamiento de pesas en los años cincuenta,

Pedro Infante con Lilia Prado.

y que actualmente trabaja en el gimnasio Oxígeno de la ciudad de México, que en esa ocasión las entusiastas cubanas casi lo desnudan. Los elementos de seguridad no podían contenerlas, pues querían, por lo menos, un botón de su traje de charro, y Roger, junto con otros atletas, intervino para rescatarlo. Aunque nadie sabe si Pedro quería realmente que lo salvaran del público femenino de La Habana.

En ese año se grabaron: "Flor sin retoño", "Muy despacito", "Yo te quise", "Tres consejos", "Luna de octubre", "La calandria", "Mundo raro", "Cuando sale la luna", entre otras, y empezó el dominio del bolero ranchero.

Fallece don Delfino

En enero de 1955 filma *Escuela de música,* donde vuelve a alternar con la diva argentina Libertad Lamarque. Cinta en la que también participaron Georgina Barragán y el popular actor Eulalio González, el Piporro. Esta película se rodó en escenarios de Monterrey, ciudad por la que sentía una gran afinidad. Como dato curioso, en la escena donde se anuncia la boda de Laura Galván (Libertad) y Javier Prado (Pedro), aparece su amigo, gran caballero y líder sindical de los trabajadores de la radio y televisión Gonzalo Castellot. Esta cinta muestra a Pedro en plenitud, interpretando varias canciones, entre ellas el "Corrido de Monterrey" y "Brasil", esta última en portugués, además de una buena cantidad de temas de Agustín Lara.

El 5 de enero de 1955, grandes desplegados en los medios anuncian el matrimonio de Lupita Torrentera con León Michel y este acontecimiento le afecta profundamente.

En febrero, en su sesión de grabación interpreta el tema "Puerta falsa", canción que, en alguna medida, Tomás Méndez le adjudica, al ver los descalabros amorosos de Pedro y ser testigo del dolor que le causó el enlace mencionado. Aunado a esto, su padre, don Delfino, fallece el día 17 de marzo de ese año, lo que le causó una enorme tristeza, pues con él compartió su inicios artísticos, y fue quien le inculcó la disciplina para dedicarse de lleno al arte. Para aumentar su pena, tres días después, se suicida su querida amiga Miros, como cariñosamente le decía a Miroslava Stern.[35]

No obstante, el destino le depara una alegría: el 25 de marzo nace su hija Irma, una preciosa niña, fruto de su relación con Irma Dorantes.

Con objeto de asimilar los hechos y templar sus emociones se va por algunos días a Mérida y regresa a principios de abril a filmar *La tercera palabra,* al lado de Marga López. En el elenco también participan Sara García y Prudencia Griffel, las inolvidables "Abuelitas" del cine mexicano. Esta cinta se rodó en los hermosos escenarios montañosos de las Lagunas de Zempoala, entre las ciudades de Toluca y Cuernavaca. La trama se centra en la vida de un joven salvaje, sin ninguna maldad, que vive con dos tías, en un casco de hacienda. "Ellas deciden educarlo y contratan a una joven profesora (Marga López), quien finalmente se enamora del muchacho. En un intento de combinar las situaciones del campo con las de la ciudad con cierta franqueza frente a las relaciones eróticas, ya que hay un desnudo de la pareja, que asombra por haber sido hecho en un momento en que la censura era muy rígida." La canción tema de la película, "Yo soy quien soy",[36] fue un éxito discográfico que aún se recuerda.

En el mes de junio del mismo año empieza la filmación de *El inocente,* producida por Matouk Films. Una cinta que aborda la originalidad de nuestras fiestas de fin de año y donde compartió estelares con la bellísima Silvia Pinal. Según la trama, Pedro es un humilde mecánico, con un profundo deseo de prosperar, que se enamora de una muchacha rica formada dentro de los prejuicios de la alta sociedad. En esta película la interpretación de "Mi último fracaso" es de antología, así como la interpretación sentida y emocionada de "No volveré". Una comedia de equívocos y situaciones cómicas en la que el muchacho pobre y la muchacha de la alta sociedad finalmente se unen.

En el mes de octubre inicia una gira por diferentes ciudades de los Estados Unidos, la cual se prolongaría hasta fines de noviembre. Su éxito en el Million Dollars de Los

Angeles llama mucho la atención de los grandes empresarios de espectáculos y directores de cine estadunidenses, por lo que empezó a manejarse la idea de reunirlo, en algunos proyectos fílmicos, con las estrellas más sobresalientes de la Unión Americana.

Regresa a México en diciembre e inicia la filmación de *Pablo y Carolina,* con la inolvidable Irasema Dilián, en escenarios de su querido Monterrey.

En esta cinta interpreta a un empresario norteño hijo y nieto de los propietarios de una importante empresa cervecera, que recibe una carta de amor por equivocación y esto hace que rompa con su novia con quien ya se iba a casar. "Viene a la ciudad de México a tratar de aclarar la situación y encuentra al supuesto hermano de la autora de dicha carta y comienza una serie de equívocos. Pablo, empieza a mostrar aprecio por Aníbal que es Carolina disfrazada de hombre. A estas alturas Pedro Infante se permitía todo tipo de alardes en su actuación."[37] Por cierto la residencia en donde se filmó esta divertida comedia está ubicada en la colonia Narvarte a dos cuadras de la famosa rotonda de Vertiz, muy cerca de la Secretaría de Comunicaciones y Transportes. Una casa que reflejaba el progreso y bienestar de las clases medias y altas de la capital. Esa casa era la residencia de Antonio Matouk, la cual, después de 60 años se mantiene intacta, atestiguando el relativo progreso y tranquilidad que había en la capital en aquellos años.

En diciembre de 1955, la disquera Peerles hace público que en ese año Pedro impone un nuevo récord en la historia discográfica de México. Durante ese año grabó: "Nochecitas mexicanas", "Rosa María", "La verdolaga", "Derecho a la vida", "La del rebozo blanco", "Que murmuren", "Nana Pancha", "Alejandra", "Dios nunca muere", "Alma de acero" y el tema que ya hemos comentado "Puerta falsa".

Por su parte, Irma Dorantes y María Luisa León proseguían con el litigio antes mencionado y, paradójicamente, Pedro financiaba a los abogados de ambas partes. Esto empezó a generarle una constante preocupación y cierta inestabilidad emocional. Ante lo cual trató de corregir el rumbo de su vida.

Un hecho hasta ahora desconocido es lo ocurrido en septiembre de 1955, a causa de la devastación ocasionada por el ciclón *Janet*, en el estado de Quintana Roo, sobre todo, en la ciudad de Chetumal. En esas fechas Pedro se encontraba en Mérida, y participó en forma anónima, en el rescate de mujeres y niños. Proporcionó un avión de TAMSA, y él como piloto realizó continuos viajes, como parte del puente de ayuda que se estableció entre Mérida y Chetumal. Él conocía toda la región, pues TAMSA tenía relaciones comerciales en Chetumal y muy cerca de ahí, en la frontera entre México y Belice, junto al poblado de Santa Elena, poseía una finca, lugar en el que hoy se encuentra la aduana y algunas otras oficinas gubernamentales,

Un protagonista de lo anterior, Jorge Hadad, nos refirió que siendo él un jovencito que apenas habían salvado le decía a Pedro, ya rumbo a Mérida, que mejor no lo hubieran rescatado, pues sus padres aún estaban desaparecidos en Chetumal. Al llegar a Mérida, Pedro, al ver su desconsuelo, le dice a Jorgito que, de inmediato, va a regresar con él a Chetumal, para buscar a sus papás; éstos, después de muchos esfuerzos, son localizados y trasladan a toda la familia a los refugios dispuestos en Mérida. Esta historia tuvo un final feliz, pero por desgracia también hubo mucha gente que no corrió con la misma suerte.[38]

En relación con este hecho, Gualberto Trejo, exbeisbolista yucateco, quien fue testigo de los sucesos, nos comentó: "Tres semanas después del desastre en Chetumal, se realizó un partido de beis en beneficio de los damnificados, el equipo de Mérida vs. Cuba, Pedro trasladó al equipo en un avión de TAMSA, y la atracción fue que él mismo jugó como tercera base durante el partido".

Oso de Berlín por *Tizoc*

En la misma época en que Pedro se encontraba en el punto culminante de su carrera se anunció la posibilidad de realizar películas con grandes estrellas de Hollywood como John Derek, Marlon Brando, John Wayne, Kirk Douglas y Joan Crawford. Estas producciones empezarían su rodaje a fines de los cincuenta o inicios de los sesenta. Asimismo, entre los proyectos a futuro estaban el actuar y filmar en Europa, sobre todo en España y Francia, e incluso ir también a Italia para filmar al lado de Rossana Podestà. Existían, además, importantes compromisos pendientes en Sudamérica y en Estados Unidos.[39]

Después de algunas presentaciones en el interior de la república, en mayo de 1956 comienza la filmación de *Tizoc.* Esta cinta fue producida por Matouk Films y el director fue Ismael Rodríguez.

La película se anunciaba como *Amor indio,* pero a su estreno, en octubre de 1957 (Pedro ya había fallecido), se le dejó el nombre que todos conocemos. Pedro, por su parte, siempre tuvo un gran deseo de hacer ese papel, sobre todo por la influencia literaria del poema "Manelic" de Antonio Mediz Bolio.

Pedro, en su interés por realizar una buena caracterización, no dudó en acudir a diversas zonas del Estado de México, Chiapas y Oaxaca para observar las costumbres y características generales de los indígenas. Y era frecuente

María Félix y Pedro Infante en *Tizoc.*

verlo por la carretera a Toluca, cerca de su casa, practicando diversas faenas con un burrito, como montarlo, caminarlo, etcétera. En esta cinta compartió estelares con María Félix, la Doña, a quien siempre le profesó una admiración indiscutible y lo obligó a mostrar lo mejor de su arte. En esta cinta interpretó temas como "Pocito de Nacaquinia", canción oaxaqueña, y las escritas para la película por Pedro de Urdimalas, "Te quiero más que a mis ojos" y "Ave María".

Tizoc ha sido una de las películas mexicanas con mayor prestigio internacional. En 1958, en el Festival Cinematográfico de Berlín, Pedro obtuvo el Oso de Plata por su intervención en esta cinta, como mejor actor. En la premiación estuvieron, como representantes del ídolo, Antonio Matouk e Ismael Rodríguez, quienes consternados recibieron el famoso trofeo —Pedro había fallecido en abril de 1957. Ese año (1958), entre los candidatos para obtener la presea, se encontraba Henry Fonda.[40]

Ese reconocimiento, hasta la fecha, no lo ha obtenido ningún otro actor mexicano. Como alguna vez lo expresó Ismael Rodríguez: "El actor más completo, el mejor del mundo en su tipo. Cantaba, tocaba violín, el piano, la guitarra y ya le estaba dando a la guitarra hawaiana muy bonito; se le facilitaba todo: hacía de militar, imitaba viejitas, en fin, no he conocido a nadie como Pedro Infante, y he trabajado con grandes actores e intérpretes".[41]

En nuestro país, en 1958, durante la premiación de los Arieles, *Tizoc* fue galardonada como la mejor película, y en esa ocasión se le hizo un emotivo homenaje post mortem al actor.

El Festival de Berlín, que en 2014 cumplió su 64° aniversario, surgió cinco años después de terminada la segunda guerra mundial, con el propósito de devolverle a Alemania y a la propia ciudad de Berlín su espíritu como centro cultural. Con los años, en distintas categorías, otros destacados mexicanos también han sido premiados en Berlín.[42]

1975, Felipe Cazals, recibe premio por *Canoa.*

1977, Jorge Fons, reconocimiento por *Los albañiles.*

1986, Gabriel Beristáin, Oso de Plata por fotografía de *Caravaggio,* de Derek Jarman.

1995, Jorge Fons, mención por *El callejón de los milagros.*

1999, Carlos Salce, premio por corto *El espejo del cielo.*

En 1956 Pedro realiza la que fuera su última gira por la ciudad de Monterrey; aparece en el canal 3 de esta ciudad, en el programa de Jesús Hernández, Don Chucho,[43] acompañado de Verónica Loyo y del ídolo del boxeo Raúl "El Ratón" Macías donde conversó acerca de innumerables planes a futuro y, sobre todo, de sus proyectos internacionales. Confirmó, entonces, su colaboración incondicional para la construcción de la Ciudad de los Niños, un proyecto que causó un gran impacto en la sociedad mexicana, dirigido por el padre Álvarez. Cabe señalar que en esta altruista labor también participó muy activamente Mario Moreno, Cantinflas, quien sí tuvo la oportunidad de ver concluida la magna obra.

En agosto de ese año filmó su última película, *Escuela de rateros,* una comedia de equivocaciones donde interpreta a dos personajes, el primero tiene que encarnar al segundo, quien ha sido asesinado, para así descubrir a una banda de ladrones. En esta cinta compartió estelares con las guapas actrices Rosita Arenas, Yolanda Varela y el gran actor español Eduardo Fajardo.

Al terminar el rodaje se dirigió a la ciudad de Mérida, donde solía refugiarse para recuperar energías, alejarse un poco del trabajo y de los asuntos familiares. En esas ocasiones acostumbraba decir: "Voy a Mérida a comer", porque de verdad disfrutaba de la gastronomía yucateca.

Durante la última semana de diciembre regresa a la ciudad de México para preparar su gira por algunos países como Panamá, Perú, Colombia, Ecuador y Venezuela, donde sus presentaciones causaban los acostumbrados revuelos. En los últimos años se han rescatado algunas canciones que interpretó en vivo y diálogos muy emotivos con el público, que ahora podemos disfrutar a través de la radio, en particular en la frecuencia 1410 de A.M., en la 760 A.M. y en El Fonógrafo (1150 A.M.) en la capital.

Ese año graba "Mía", "El mundo", "Prohibido", "Flor de espino", "Tu enamorado", "Que seas feliz", "Doscientas horas de vuelo", entre otras. El primero de diciembre de ese año acude por última vez a los estudios de Peerles y graba cuatro canciones: "La cama de piedra", "Pa' que sientas lo que siento", "Corazón apasionado" y "Ni el dinero ni nada". Según el orden de grabación "Pa' que sientas lo que siento" fue su último contacto con el micrófono de grabación.

De esta manera culminó una impresionante carrera de éxitos, durante la cual grabó 333 canciones en Peerles y dos en RCA Victor. Su producción discográfica completa abarca aproximadamente 430 temas, debido a que algunas canciones (más de 90) fueron grabadas para películas, mismas que ahora se incluyen en sus discos.

En la actualidad sus grabaciones se agrupan según los distintos géneros: sólo boleros, únicamente rancheras, valses, mañanitas y serenatas, música de vacilón, música para niños, etcétera. Y la moderna tecnología produce el milagro de oír sus interpretaciones con un sonido de mayor calidad.

Hay que consignar que los arreglos y los músicos que acompañaron a Pedro en sus grabaciones eran los mejores de la época. El Mariachi Vargas, dirigido por don Silvestre Vargas, el Mariachi Guadalajara, los Mamertos, el Perla de Occidente de Marcelino Ortega y el de Manolo Huitrón, entre otros. Sin olvidar al ingeniero Heinz Klinckwort, director artístico de Pedro, quien coadyuvó a la excelencia de sus discos.[44]

En abril del 2003, se presentó en Monterrey *El cancionero de Pedro,* que incluye todos sus temas, un buen trabajo realizado por mi buen amigo Carlos González.[45]

Pedro realizó una carrera exitosa mediante una gran disciplina y deseos de aprender y desarrollar sus cualidades innatas. En este esfuerzo abordó múltiples actividades: carpintero, peluquero, actor, cantante, director de orquesta, crooner, pentatleta, piloto aviador, jinete, charro, motociclista, boxeador, oficial de tránsito, empresario, telegrafista. Esta última actividad le sería reconocida en pocas semanas por la Secretaría de Comunicaciones y Transportes con el diploma respectivo. De no haber muerto, la fantasía nos lleva a imaginar la enorme cantidad de perfiles que pudo haber dominado, pues era mucho su deseo por aprender.

Años después de su muerte, en 1963, se realizaron dos películas biográficas: *La vida de Pedro Infante* de Miguel Zacarías, con libreto basado en un ensayo de María Luisa León, en la que hizo su presentación como actor su hermano José Infante Cruz, en el papel de Pedro, con Maricruz Oliver como María Luisa, y Begoña Palacios como Lupita Torrentera. Con el mismo contenido se realizó el documental *Así era Pedro Infante,* de Ismael Rodríguez. Y en 1982, Claudio Isaac presentó su película *El día que murió Pedro Infante,* con Humberto Zurita como actor principal.

5. QUE ME TOQUEN "LAS GOLONDRINAS"

La exitosa gira por Centro y Sudamérica se prolongó hasta febrero de 1957; por esos días pospuso para fines de año algunas presentaciones que haría en Puerto Rico, a principios de marzo. Diversos asuntos personales lo hicieron trasladarse a Mérida, por unos días. Ese tiempo lo aprovecha para planear algunas grabaciones y otros compromisos. Empieza a estudiar los libretos de las cintas que rodaría a mediados de año, *El Tijeras de Oro, La perla de la Virgen* y *Las islas también son nuestras*[1] bajo la dirección de Benito Alazraki, director del galardonado drama indigenista *Raíces,* e inicia la lectura de un interesante proyecto, el *Museo de cera,* de Ismael Rodríguez. También entre sus planes estaba filmar la vida del compositor yucateco Guty Cárdenas, proyecto que lo había entusiasmado mucho. Ya poseía entonces un amplio conocimiento sobre la música yucateca, en particular la de sus clásicos, como es el caso de ese famoso compositor.

A fines de marzo de 1957 regresa a la ciudad de México para saludar a doña Cuca, su madre, y estar al pendiente de su estado de salud. El 27 de ese mes participa en el convivio infantil con motivo del segundo aniversario de su preciosa hija Irma. Atiende compromisos, presentaciones y considera la posibilidad de una reunión con algunos productores de Hollywood para rodar una cinta con Joan Crawford, a fines de ese año o principios de 1958; revisa la forma en que podría llevarse a cabo el proyecto[2] y avanza en sus planes para filmar en Europa durante 1959 o 1960.

Por otro lado, su casa de Cuajimalpa, aunque terminada, se encontraba sin muebles. Los procesos legales en que se encontraba implicado, le había impedido poner atención a estos detalles, pero finalmente recurre a sus amistades de confianza, sobre todo a Silvia Pinal, para que le ayude a decorar y remodelar la mansión con el fin de convertirla en un lugar más moderno y confortable.

El 28 de marzo vuelve a Mérida, ahora acompañado por sus hijos Pedro y Lupita Infante Torrentera, y por su hermano José, quien era el que lo apoyaba en todos los asuntos personales y familiares. Fue toda una semana de vacaciones con sus niños, en la cual se dedicó, entre otras

Mercedes "Alas de Gaviota".

cosas, a pasearlos en su precioso Mercedes deportivo, que el año anterior, en julio de 1956, había adquirido en Autos Tame; joya de la ingeniería alemana por la que pagó la cantidad de 85,000 pesos —de aquellos legendarios pesos duros. En la actualidad este auto aún anda por ahí, en Mérida. El propietario es don Juan Campos, residente de dicha ciudad. Al mes siguiente, en agosto, adquirió otro Mercedes deportivo "Alas de gaviota" que era todo una novedad en el automovilismo mundial.

Esos paseos con sus hijos incluyeron Progreso, Puerto Juárez (Cancún) y en general toda la península, que en aquellos tiempos tenía muchos sitios aún vírgenes, habitados sólo por gente del lugar. Lugares increíblemente hermosos, conocidos ahora como la Riviera Maya.

El 5 de abril, sus hijos regresaron a la ciudad de México, acompañados por una asistente. Por su parte, Pedro y Pepe lo hicieron al día siguiente, en un vuelo comercial. El lunes 8 de abril, exactamente una semana antes de la tragedia, Pedro regresa a Mérida, en un vuelo de TAMSA, para ultimar detalles sobre la posible compra de unos terrenos en Tulum. En realidad fue muy poco el tiempo que pasó en la capital; pero logró ver a su madre y a Irma. Habló con Lupita Torrentera para agradecerle que le hubiera permitido vacacionar con sus hijos; le mostró fotos del viaje y le contó lo bien que la pasaron.

El conflicto legal con María Luisa llegaba a su fin. En esos momentos necesitaba equilibrar su estado de ánimo para enfrentar el escenario legal que estaba por definirse. Y Mérida representaba el mejor lugar para ver las cosas con perspectiva.

El 9 de abril los periódicos capitalinos publicaron que la Suprema Corte de Justicia de la Nación había negado el amparo de la justicia federal a Irma Dorantes (Irma Aguirre Martínez), en lo relativo a su matrimonio con Pedro. Al día siguiente, aparecieron nuevas notas que exponían la nulidad de tal matrimonio y las consecuencias legales para los demandados.*

Ante esta resolución y las constantes llamadas, tanto de sus abogados como de las protagonistas, Pedro decide regresar a la ciudad de México, a tratar de poner fin a los conflictos, e intentar aclarar los continuos comentarios de la prensa, algunos atinados, otros quizá amarillistas y hechos con dolo. La situación era incómoda para todos los involucrados, pues los medios insistían en mantener vivo el tema y estaban ansiosos por entrevistar a Pedro.

La última vez

Wilo Rosel nos ha comentado que el sábado 13 de abril entrenaron fuerte en el gimnasio y notó a Pedro preocupado y muy tenso. No obstante, esto no impidió que al día siguiente saliera en avioneta junto con el mecánico Marciano Bautista Escárraga hacia Isla Mujeres y Tulum. Viaje del que regresaron por la noche y momento en el que fue instruido por Pedro para presentarse a las 7:00 a.m. del día siguiente porque viajarían hacia el D.F. También le recomendó que llevara consigo cierta herramienta específica para quizá realizar algunos ajustes antes del viaje.

El 15 de abril, Pedro se levantó muy temprano, desayunó lo que le había preparado su doméstica, la señora Trinidad Romero; ultimó detalles para trasladarse al aero-

* En 2007, Irma Dorantes, después de 50 años de silencio, publicó el libro *Así fue nuestro amor*, un respetable e interesante testimonio, rico en anécdotas, sobre el origen de su relación amorosa con Pedro y su desarrollo hasta el final.

puerto de la ciudad de Mérida y realizó el que fue su último viaje en motocicleta, al dirigirse hacia el aeropuerto en su famosa Harley-Davidson.

Eran aproximadamente las 7:30 de la mañana, cuando abordó el tetramotor XA-KUN, modelo Liberator, marca Consolidated, el cual había sido utilizado en la segunda guerra mundial para transportar tropas, y después fue adaptado para servir como aeronave de carga (un pequeño Hércules), propiedad de TAMSA. Según versión de su hermano Pepe, frecuentemente oía a Pedro comentar que ese aparato les estaba dando serios problemas mecánicos.

El día del vuelo, estando ya en el aeropuerto, instruye al piloto Edgardo Alatorre, quien había sido convocado para ese viaje, para que no se incorpore a la tripulación y salga hasta el día siguiente con el mismo itinerario, pues Pedro había decidido ser el copiloto y conducir la nave, junto con el capitán Víctor Manuel Vidal. Los acompañaba el mecánico Marciano Bautista. Este cambio de planes, providencial para Edgardo, le salvó la vida.

Ese mismo día, Pedro se había comprometido a estar en la ciudad de México; incluso la noche anterior había hablado con su hermano Pepe, para que lo esperara en el hangar de TAMSA, a eso de las 10:00 a.m., junto con su escolta, el Indio Sandoval y López Zuazua.

Una vez verificados los instrumentos, se escucharon por radio las instrucciones de rutina para iniciar el despegue, siendo la señorita Carmen León, operadora de TAMSA, la última persona que escuchó la voz de Pedro Infante. Así, aparentemente sin ningún problema, el tetramotor tomó pista y despegó a las 7:40 a.m.

De acuerdo con los testigos del accidente, quizá dos minutos después, se notó que la aeronave no alcanzaba ni la altura ni la velocidad óptimas. Se sabe que en el interior de la cabina de mando, tanto Pedro como el capitán Víctor Manuel Vidal y el mecánico Marciano Bautista Escárraga, hicieron todos los intentos posibles para corregir la falla, inclusive, durante ese pequeño trayecto, tiraron algo de la carga. Cajas de pescado y rollos de telas fueron lanzados al vacío con la finalidad de aligerar el peso al avión, asumiendo el riesgo de lastimar a alguien, pues esta maniobra se realizó sobre pleno centro de Mérida. Momentos después, el aparato se desplomó cayendo en la esquina que forman las calles 54 y 87, al sur de la ciudad. Los depósitos de combustible del avión estaban llenos, por lo que al impactarse en tierra estallaron, creando un incendio impresionante. El fuego abarcó varias casas y resultaron lesionadas decenas de personas.

Según nos ha comentado don Rubén Canto Sosa, propietario de una de las casas donde cayó el avión y testigo del accidente, en el lugar perecieron, además de la tripulación, la señorita Ruth Rosell Chan, de 19 años, y el niño Baltasar Martín Cruz, ayudante de una carpintería que se encontraba a unos metros del accidente. Entre los cuerpos también se encontraron los restos de tres mascotas que Pedro llevaba a la ciudad de México.[3] Las toneladas de pescado, combustible y los restos humanos calcinados provocaron un olor insoportable.

Al día siguiente, todos los periódicos del país y muchos del extranjero publicaban en primera plana la fatal noticia. El periódico *El Norte*, de Monterrey, dio una enorme cobertura a los hechos. Las notas señalaban:

"Trasladan a México el cadáver de Infante, consternación por su muerte... El famoso actor y cantante falleció esta mañana, a las 8 horas, en un accidente de aviación ocurrido en la ciudad de Mérida.

"La Dirección de Aeronáutica Civil dependiente de la SCOP informaba oficialmente, hoy a las 7:45 horas, que el avión Consolidated Vultec B-4-J, matrícula XA-KUN, despegó de la pista número 10 que tiene dirección poniente-oriente en el Aeropuerto Internacional de Mérida, Yucatán, propiedad de Transportes Aéreos Mexicanos (TAMSA). Efectuaba el vuelo 904 con carácter de extraordinario, directo desde Mérida, Yucatán, a la ciudad de México. Tripulaban el aparato el capitán piloto aviador Víctor Manuel Vidal Lorca y como primer oficial y copiloto el piloto aviador Pedro Infante Cruz, y como mecánico Marciano Bautista Escárraga...

"El avión sufrió el accidente poco después de haber despegado, cayendo a tierra a una distancia relativamente corta de la cabecera de la pista, en un lugar que está situado en el cruzamiento de las calles 54 y 87 de la ciudad de Mérida, Yucatán. Al caer el avión quedó totalmente destruido, los tanques de combustible explotaron, el fuego se extendió rápidamente, todos los tripulantes perecieron... El inspector de la Dirección de Aeronáutica Civil, Luis Soto Ruiz, inició las investigaciones para determinar las causas del accidente...

"El piloto aviador Pedro Infante, conocido por sus actividades como actor cinematográfico y cantante, trabajaba como socio en aviones de esa compañía desde hace más de tres años; cuando sus actividades artísticas se lo exigían solicitaba licencia a la empresa TAMSA y le era concedido por el tiempo necesario...

"Al terminar cada una de estas licencias, Infante reanudaba sus actividades de piloto. Era titular de la licencia de transportes públicos número CCP-447P-P. La había renovado el 2 de abril y en esa fecha se le computaban 2 900 horas de vuelo..."[4]

Guitarras lloren guitarras

La identificación de los cadáveres fue muy complicada y extremadamente dolorosa para los deudos. En el caso de Pedro y de acuerdo al parte médico del doctor Benjamín Góngora, quien en esa época era, además, presidente municipal de Mérida y amigo personal del ídolo, el cuerpo presentaba el cráneo totalmente destruido; tres fracturas en la columna vertebral, así como en el hueso ilíaco y pelvis, varias fracturas más en ambos fémures y peronés.

El parte médico refería que la causa de la muerte de Pedro, había sido la "atricción total", debido a esto el cuerpo perdió sus dimensiones reales.[5] En efecto, como consecuencia de las graves quemaduras, tanto su peso como su estatura se redujeron en forma impresionante, esta última que era de 1.75 m, se redujo a 80 cm, y su peso que era de 77 kg, terminó siendo de 35 kg.

Era un verdadero cuadro dantesco; sin embargo, la identificación se logró a partir de una reconstrucción parcial del cadáver, y por haberse encontrado una esclava con su nombre grabado, así como su famosa placa de platino (Vittalium) en la cabeza, elementos que corroboraron, de modo inobjetable, su identidad.

Cabe mencionar que aparte de la identificación de los cadáveres, su hermano Ángel fue quien tuvo la triste encomienda, por parte de la familia, de constatar personalmente la tragedia.[6] Al respecto, en 1986, en una de las agradables comidas con mi tío Ángel y mi padre, don Pepe, platicamos sobre los detalles de estos penosos recuerdos, y me comentaba mi tío:

"Quienes llegaron hasta el preciso lugar del accidente donde se encontraban los restos, antes que el ejército acordonara la zona restringiendo el acceso, vieron cómo mi hermano no se separó del asiento de la cabina. El cinturón de seguridad resistió los jalones y golpes del impacto y del fuego. Cuando llegaron los oficiales e hicieron un reconocimiento del siniestro observaron que se le había desprendido un brazo y estaba a punto de desprendérsele una pierna. Aún se alcanzaba a distinguir una pequeña parte de su rostro. En su caja torácica se apreciaban algunos órganos calcinados y otros ensangrentados. Es el dolor más grande que he sentido en mi vida. Pero el trabajo del doctor Góngora, así como de la funeraria Pérez Rodríguez, para reconstruir y preparar su cuerpo fue magnífico, a las 18:00 horas ya lo estábamos velando en su casa de la calle Itzaes, con el ataúd abierto, para que el pueblo de Mérida despidiera a mi hermano."

En la ciudad de México, a las 11:15 de la mañana, el locutor Manuel Bernal, uno de los pilares de la XEW, dio la trágica noticia a través de los micrófonos: "Ha muerto Pedro Infante", y de inmediato el luto se esparció por toda la república y el extranjero en ese triste lunes santo. Una noticia que, para muchos, acentuó más aún el misticismo de esos días.

Una vez confirmado el suceso, directivos de la ANDA y otros compañeros, entre los que se encontraban Rodolfo Landa (Rodolfo Echeverría Álvarez), Jaime Fernández, Ángel Infante, Irma Dorantes, José Ángel Espinosa, Ferrusquilla, hicieron el penoso viaje a Yucatán. Los medios de información, así como el gobierno de la república, conjugaron esfuerzos para trasladarse a la ciudad de Mérida, con el fin de agilizar el traslado de los restos del ídolo a la ciudad de México. La noche del 15 de abril, Pedro Infante era velado en su domicilio de Itzaes por el público yucateco. Uno de los días más tristes y penosos en la historia reciente de la región. Esa tarde, la prensa nacional, haciendo tirajes extra, difundía ampliamente los pormenores del accidente.

Las causas del siniestro todavía se desconocen. Se ha sostenido que volaba con exceso de carga; sin embargo, el peritaje concluyó que traía 6.5 toneladas de peso y el avión tenía capacidad para 12. Lo más apegado a la realidad indica que la causa del accidente fue una falla mecánica en uno de sus motores.

El mismo 15 de abril, el periódico *Últimas Noticias* de *Excélsior*, destacaba:

"Se paró el motor y el avión se vino abajo."

"Las dos esposas de Pedro Infante se disputan el derecho de sus restos."

"¡Yo soy la culpable!, gime Irma Dorantes..."

"La anulada esposa de Pedro voló, angustiada, a Yucatán. 'Vivo me lo querían quitar, pero muerto ya nadie se atreverá', dijo al partir a Mérida..."

"¡Yo soy la culpable...! Frenética fuera de sí, rayando en el histerismo, Irma lo gritó así en el aeropuerto, una y otra vez, como para que todo el mundo lo supiera..."[7]

Un día después, el 16 de abril a las 6:30 a.m., despegaba un DC-3, matrícula XA-HEY de TAMSA, con los restos de Pedro Infante, acompañado por su hermano Ángel y varios periodistas.

Todos los periódicos del país reproducían la noticia:

"Pedro Infante pereció ayer al caer el avión que copiloteaba."

"Estupor, luto y pena por el fin del actor."

"El trágico suceso, un impacto que conmocionó al país entero."

"Mudo desfile ante el ídolo."

"Desfiló el pueblo día y noche ante este ídolo caído."

"Consterna a México la muerte de Pedro Infante."

Fue tan impactante la noticia que tanto en México como en otros países, hubo suicidios por su fallecimiento, particularmente en México, Perú, Venezuela y Colombia.[8] Estos trágicos hechos adicionales muestran la relevancia de Infante como fenómeno social y el grado de cariño e identificación del público con su ídolo.

Al llegar sus restos al aeropuerto, ya lo esperaban los oficiales de policía y tránsito portando un listón negro en la solapa de sus uniformes. El desempeño de esta agrupación fue fundamental en el traslado de los restos de su comandante y amigo, y en el control de las multitudes que también esperaban su arribo.

Al salir del aeropuerto, los restos de Pedro fueron trasladados a la funeraria, donde se hizo un cambio de ataúd, en este caso metálico, mismo que fue sellado. Más tarde lo trasladaron al teatro Jorge Negrete, para ser velado.

A partir de las 13:00 h, ese recinto se convirtió en un centro donde cobró forma el dolor generalizado, en el que sobresalían los sollozos y accesos de histeria de muchos hombres y mujeres. Era impresionante la cantidad de personas de todas las edades y de todos los estratos sociales, que acudieron con el firme propósito de dar el último adiós a su ídolo.

Era un desfile interminable que incluyó a toda su familia, sus compañeros artistas, desde los más modestos hasta las grandes estrellas del cine nacional. Políticos, gente de los medios, sus fieles amigos motociclistas, todo tipo de deportistas, universitarios y gente anónima. Todos se volcaron para participar en ese trágico ritual como nunca en la historia de nuestro país.

Doña Refugio, su madre, terriblemente abatida, acompañada siempre por sus hijas e hijos, recibía las condolencias de todos. Cabe mencionar que el día anterior, al recibir la noticia, sufrió dos síncopes que la mantenían bajo extremo cuidado médico.[9]

La Prensa publicaba el 17 de abril:

"¿Mi hijo está quemado?, ¡Hijo querido!, ¡Mi hijo de mi vida!

"Como un coro doliente, las cinco hermanas del actor desaparecido enlutadas también como su madre, rojos los ojos de tanto llorar y pálidos los labios, rodeaban a la viuda de Infante que estaba a punto de perder el conocimiento..."

A continuación, la nota describía el desconsuelo que embargaba a los dolientes. Escenas de dolor extremo que, aun cuando debieron quedar en un ámbito estrictamente familiar, fue imposible que no llegaran a ser de dominio público, dada la cobertura de los medios y la popularidad del artista. Así, los lectores se enteraron de los esfuerzos de doña Refugio por ver el cadáver de su hijo. La renuencia de Ángel, quien como hijo mayor había asumido el control de la situación y por ello intentaba, con esfuerzo, ahorrar un dolor más a doña Refugio, quien, madre al fin, intuyó el porqué de aquella negativa. Y, finalmente, la actitud viril de Ángel Infante al admitir los terribles efectos que el fuego había ocasionado en el cuerpo de su hermano y pedirle cariñosamente a su progenitora fortaleza de ánimo y resignación.

"Sí, mamacita, está quemado. Tu hijo está quemado... Tú eres fuerte. Tú has querido siempre que te digamos la verdad. Tú no quieres que tus hijos te mientan... Pedro no hubiera querido que lloraras.

"Y la madre hundió la cabeza en el pecho y de sus ojos escaparon dos torrentes de lágrimas de fuego, pero no dijo nada.

"Verdaderamente, como dijo su hijo Ángel, la madre de Pedro, la madre de los Infante, es una madre valiente, una madre digna del pueblo mexicano, una madre émula de las madres de nuestras luchas sociales y ante aquel cuadro lleno de dolor, nadie ni los ajenos a la sangre de los Infante, pudieron evitar las lágrimas..."[10]

La primera guardia la montaron Mario Moreno, Cantinflas, José Elías Moreno, Miguel Manzano, Arturo Soto Rangel, Ángel Infante y José Infante. La segunda, Andrés y Fernando Soler, Jorge Martínez de Hoyos y el comandante de policía y tránsito Ramón Ruiz, a las que siguieron una cantidad impresionante de guardias de honor, sin dejar de mencionar a una representación de la pareja presidencial, la cual, incluso, ofreció, en su momento, la aeronave oficial para el traslado de los restos.

El miércoles 17, Pedro Infante fue trasladado hacia su última morada, precedido por una escolta de cuarenta motociclistas del prestigiado escuadrón de tránsito y una interminable fila de autos, múltiples camiones con ofrendas florales, así como por todo el pueblo, que estuvo haciendo valla a lo largo de todo el recorrido. Hasta la fecha ese cortejo fúnebre ha sido, sino el que más, uno de los más impactantes en la historia de México.

Todos los medios de información se dieron cita para cubrir, minuto a minuto, este acontecimiento. En el panteón, sus hermanos Ángel y Pepe, Mario Moreno, Cantinflas, e Ismael Rodríguez, fueron quienes llevaron el ataúd hasta su tumba, la misma donde hacía dos años habían depositado a su padre, don Delfino, a escasos metros de Blanca Estela Pavón y de Jorge Negrete. Nuevamente se estaban reuniendo los entrañables amigos las ahora leyendas de nuestro cine nacional.

Al filo del medio día, Pedro Infante era sepultado con música de mariachis, que entonaban algunas canciones que el cantante hiciera famosas. En muchas fotografías del sepelio aparece cantando un joven admirador de Pedro. Era Javier Solís, quien años después sería un digno sucesor y representante de la canción mexicana, particularmente del bolero ranchero.

En esa ocasión, el párroco Manuel Herrera pronunció la oración fúnebre y el secretario general de la ANDA, Rodolfo Landa, dirigió un mensaje emotivo y sincero a nombre de todo el gremio, despidiéndose de su querido amigo. Posteriormente, los miembros del prestigiado escuadrón de tránsito pasaron lista de presente, diciendo un *hasta luego* a su respetado y querido "Comandante".

Así, el cine perdía un gran actor, el deporte a un fiel atleta, la música popular a un representante auténtico, los actores a un hermano y el pueblo a un amigo solidario.

El jueves 18, la prensa nacional informaba acerca de lo sucedido en esta dramática jornada. Una nota del periódico *Excélsior,* por ejemplo, describía la forma en que la radio y la televisión habían realizado la amplísima cobertura que dio a conocer los pormenores de este hecho:

"Miles de personas lloraron ayer en silencio, frente a sus aparatos de televisión, era el viaje definitivo de Pedro Infante. Los tres canales con sus repetidoras, por primera ocasión se unían para cubrir la fúnebre ceremonia...

"Lo que captaban las cámaras electrónicas hicieron palpitar más de prisa los corazones. Al bajar el féretro a la tumba enmudecieron telespectadores y radioescuchas. Los locutores no tenían frases para describir el momento; su gran amigo, Gonzalo Castellot, el líder nacional de los conductores de televisión, lloró consternado...

"Con llanto en los ojos y la voz entrecortada, el veterano Pedro de Lille, hizo ayer una de sus más dramáticas narraciones desde el Panteón Jardín. En los momentos en que el féretro que contenía los restos del infortunado Pedro Infante bajaba lentamente a su última morada, a miles de personas que se aglomeraron ante los magnavoces que fueron instalados en las calles de la capital, les produjo llanto...

"Éste fue el último aspecto del entierro del galán que fue dado a conocer al país a través de la emisora XEQ y sus retransmisoras en el país...

"Durante las doce horas y media de transmisiones se realizaron tres controles remotos: en la ANDA, en la estatua del Ariel, en Chapultepec y en el Panteón Jardín, además de la narración que se hizo a lo largo del trayecto del cortejo fúnebre, mediante la instalación de una unidad móvil de control remoto sobre autos de alquiler que se unieron a la caravana...

"Además de De Lille, los locutores que cubrieron los diferentes aspectos del trágico acontecimiento fueron José Hernández Chávez, Pico de Oro, Jacobo Zabludovsky, Jorge Labardini y Mario Rincón, agregándose una narración especial que hizo a las puertas del cementerio el teniente de tránsito José Ibáñez, íntimo amigo del llorado cantante."[11]

Desafortunadamente, la muerte de Pedro Infante también puso fin a una hermosa época de prosperidad para la industria fílmica, en la que se enaltecieron los valores nacionales y se difundió parte del extenso mosaico musical de nuestra patria. Fue la época de oro del cine nacional en la que una importante generación de cineastas, productores, directores y notables actores de los años cuarenta y cincuenta dieron un gran prestigio a esta industria.

Al respecto, Emilio García Riera comenta: "A fines de los años cincuenta y principios de los sesenta, la crisis del cine mexicano no era sólo advertible para quienes conocían sus problemas: la delataba el tono mismo de un cine cansado, rutinario y vulgar, carente de inventiva e imaginación."[12]

El cine de otros países daba signos de renovación, tanto en sus leyes, como en su apertura hacia temas difíciles de exponer. Dentro de esta nueva vertiente, una enorme gama de temas, nunca antes vistos en pantalla, se empezaron a difundir. A la censura se le dio un trato más inteligente. Dentro de un ambiente siempre controversial el neorrealismo impulsó a nuevos cineastas. A fines de los cincuenta y en las décadas posteriores estos jóvenes realizadores propusieron exitosamente otra forma de hacer cine.

En el cine mexicano, en cambio, la renovación y la cultura de la originalidad se estancaron e, incluso, se perdieron. Nuestro cine fue ampliamente rebasado, salvo contadas excepciones. Varios hechos contribuyeron a agravar la crisis, además de la muerte de Pedro Infante. Entre ellos podría señalarse a la Revolución cubana de 1959, pues para el cine nacional significó la pérdida de uno de sus mercados naturales más importantes.[13] En 1957 dejaron de funcionar los Estudios Tepeyac y los CLASA, y, en 1958, los Azteca; sólo quedarían para la producción fílmica, los Churubusco y los San Ángel Inn. El marco jurídico resultaba obsoleto y desligado de la necesidad real de una renovación que diera el impulso suficiente para intentar mantenerse dentro de los estándares internacionales; como dice Emilio García Riera, "hubo subdesarrollo dentro del subdesarrollo".[14]

6. TÚ SÓLO TÚ

A más de medio siglo de su muerte, Pedro Infante vive en la conciencia popular con carácter de celebridad. La vigencia de sus discos y películas, que aún representan importantes ventas y altos ratings televisivos, son parte de la vida cotidiana de nuestra sociedad, de tal forma que incluso en esta era cibernética se mantiene presente como una de las figuras más representativas de la música mexicana.

Aun en el nuevo milenio, existen diversos programas de radio en la capital del país que se encargan de mantener vivo su recuerdo. Por ejemplo, la Organización Radio Centro (Radio Consentida) lo programa de 7:00 a 8:00 a.m. y de 13:00 a 14:00 p.m., y el Núcleo Radio Mil (Radio Sinfonola, la más perrona) de 8:00 a 9:00 a.m. en el caso de esta última emisora, la programación dedicada a Pedro representa un récord mundial, pues rebasa el medio siglo de transmisiones ininterrumpidas, y en 2014 dio inicio un notable programa de música mexicana, en la frecuencia 760 de A.M., en la que se pueden disfrutar muchos temas del ídolo.

Estos programas manejan un amplio acervo fonográfico sobre la vida del actor, que incluye infinidad de anécdotas y grabaciones inéditas. El equipo de Gustavo Alvite y de Arturo Cortez lo mantuvieron en un alto grado de popularidad entre los capitalinos. Sin olvidar que estaciones como la XEQ, XEW, XEB, El Fonógrafo y Radio 13 entre otras, lo difunden diariamente como es el caso de Radio Mexicana en el 1590 de A.M. en la capital, que a partir de 2013 también lanzó un muy agradable e innovador programa: La hora de Pedro Infante, a las 10:00 a.m. En estos programas ahora se incluyen nuevas grabaciones remasterizadas, con arreglos espléndidos, y dentro de esta tendencia no es raro que sus éxitos sean retomados por cantantes y figuras actuales.

Los fines de semana los canales libres y la televisión restringida, satelital o por cable, se encargan de retransmitir sus películas en horarios familiares, y no importa si ya las hemos visto una, dos, o más veces, pues ya se ha convertido en una tradición tan cercana que, para muchos, algunas frases o escenas de sus cintas han pasado a formar parte de su lenguaje cotidiano y familiar.

La verdadera popularidad de Pedro Infante, como lo comenta José Agustín en su libro *Tragicomedia mexicana 1*, "surgió con el estreno de *Nosotros los pobres,* de Ismael Rodríguez, la gente pobre (pero también la clase media y muchas señoras de la clase alta) sucumbieron gozosas ante el carisma, la apostura, buena voz, energía vital, calidez, sencillez y simpatía del charro cantor, Pedro Infante rebasó la condición de 'ídolo' y se constituyó en auténtico mito nacional porque encarnó una figura arquetípica en México [...] nadie como Pedro Infante logró, ni ha logrado constelar tantos signos de la identidad nacional, por eso cuando murió en un accidente de aviación en 1957, hubo un auténtico luto en todo el país y se consolidó una presencia que a fines de los ochenta seguía viva y eficaz",[1] Y en los inicios del siglo XXI, sigue abriendo brecha.

En este punto me parece interesante reproducir las crónicas de algunos hechos ocurridos en sus aniversarios luctuosos por considerar que con esto cumpliremos nuestro objetivo final: destacar la sólida permanencia de la figura más querida y popular de los últimos 60 años en nuestro país.

En abril de 1958, en toda la república, Sudamérica, España y en importantes ciudades estadunidenses se celebró el primer aniversario de la partida de Pedro, y con ello inició un nuevo ritual dentro de las querencias del pueblo: rendir tributo a su ídolo. En la capital, los periódicos hacían el recuento de la enorme concurrencia que llegó al Panteón Jardín. Como ejemplo, veamos algo de lo publicado por *Excélsior* en esa fecha:

"Misa de las viudas de Pedro, María Luisa mandó decir gregorianas, Irma a última hora consiguió una iglesia...

"Nuevos muebles, nueva casa y flores en el lugar de Irma. 'Irma no está en la casa; se fue a ver si consigue una iglesia para dedicarle una misa a Pedro. ¡Fíjese que se le había olvidado! Ahora fue a una iglesia del Estado de México...' Éstas fueron las palabras textuales que ayer a las 21 horas dio la señora madre de Irma... en la nueva casa que acababa de adquirir en Taxqueña...[2]

"Asimismo, la ANDA rindió tributo al ídolo desaparecido, independientemente de la impresionante cantidad de ofrendas florales en la tumba de Pedro. La comitiva estuvo integrada por el comité ejecutivo de la asociación, por Pepe y Ángel Infante, Esther Luquin, Víctor Junco, Rodolfo Landa, Ángel Espinosa, Ferrusquilla, entre muchos actores más..."[3]

A partir de esa fecha empezó la venta de recuerdos que, año con año, el comercio informal se encarga de distribuir: discos, fotos, camisas con imágenes de él, revistas, etcétera, sobre todo, durante el mes de abril. El día de su aniversario, el Panteón Jardín se ha convertido en una verdadera romería que supera con mucho a los eventos oficiales.

A tres años de su muerte, el 16 de abril de 1960, el periódico *La Prensa* publicó en sus primeras planas algunas notas sobre los homenajes hechos en su memoria:

"La XERH que transmite el programa 'México Canta y México Vive en sus Canciones', con duración de tres horas diarias, lo dedicará hoy, íntegramente, a Pedro Infante.

"Enrique Briseño, actual animador, informó que Discos Peerles proporcionó material nuevo que no se había liberado en vida del cantante y que, además, auspició el obsequio que se hará de 5 000 fotografías del llorado ídolo. Radio 13, que también difunde por las mañanas un programa mexicanista llamado 'México Lindo', adquirió en el curso de esta semana 11 discos LP nuevos con canciones de Pedro y presentó anoche mismo un avance del homenaje que se hará hoy. En su programa 'Álbum de Melodías', el locutor Enrique Francisco Torres de la Peña, recordó a Infante, y para ello se documentó debidamente sobre la vida del llorado actor, recibiendo por su transmisión cientos de llamadas telefónicas. La emisión fue transmitida de las 0:00 a 1:00 a.m. de hoy. Por su parte, Jorge Salazar, conductor de 'México Lindo', le dedicará la emisión correspondiente al día de su aniversario. También la XEAL, Radio Horizontes dedicará un programa a Pedro Infante con el locutor Salvador Hernández Vaca. Otro tanto hará un infantista de hueso colorado, Enrique Hernández, a través de HEFR..."[4]

Hasta cierto punto parecía natural que después de tres años se recordara a Pedro Infante en las emisoras de radio, pues aún se seguía liberando producción discográfica que no había sido escuchada.

A cinco años de su muerte, el 15 de abril de 1962, el periódico *La Prensa* destacó entre sus páginas:

"De las 12:00 a las 13:00 horas, las radiodifusoras de todo el país dedicaron su programación para recordar las interpretaciones del homenajeado. Los actos de ayer culminaron con un programa de televisión que se transmitió a las 23:30 horas, a través del canal 4 y en el que se proyectaron películas del charro cantor."

En su séptimo aniversario, *La Prensa* publica el 16 de abril de 1964:

"El pueblo no olvida a Pedro Infante... ayer en el séptimo aniversario de su trágica muerte, la tumba del actor se cubrió de lágrimas... Una gran corona de flores blancas enmarcaba una fotografía de Pedro Infante, llovía y a pesar de eso miles de gentes permanecieron ahí. A las 11 :30 la multitud había invadido el Panteón Jardín y los monumentos cercanos peligraban. Decenas de jóvenes escalaban las capillas para contemplar desde lo alto el homenaje... 'Amorcito corazón' hizo llorar a una joven. Ella, María Estela Longoria, no supo explicar por qué lloraba..."

A diez años de su muerte *La Prensa* publicó el 15 de abril de 1967:

"En el camposanto había mucha gente, varios policías cuidaban que el orden no fuera alterado, pero era imposible controlar a ese mar humano que se arremolinaba alrededor del mausoleo, pisoteaba las tumbas vecinas, se colgaba de las cruces de otros monumentos; la gente gritaba o aplaudía con mucho fervor al término de alguna interpretación...

"Hacia las 13:00 horas era imposible llegar hasta la tumba en la que reposan los restos de Pedro Infante... Una multitud soportaba el sol que caía a plomo y seguía junto a su ídolo. El Club de Admiradoras de Pedro Infante allí estaba, por supuesto. Una cantante boliviana y uno chileno también estaban presentes..."

Al respecto, debo consignar que no es raro que su tumba sea visitada por personas de América Latina, o de hispanos radicados en los Estados Unidos.

Cuando cumplió 15 años de muerto *La Prensa* publicó el 16 de abril de 1972:

"Al cumplirse ayer 15 años de su muerte, un lunes santo 15 de abril de 1957, el que fuera el famoso personaje Pepe el Toro, de la película del mismo nombre y no menos recordadas *Nosotros los pobres* y *Ustedes los ricos,* recibió ante su tumba del Panteón Jardín la visita de miles de personas que aún lo evocan y que lo han erigido en ídolo popular... Las flores, los cantos, etcétera, se vuelven a repetir como en años anteriores."

Y así, año con año se fue fortaleciendo este ritual popular de celebrar su aniversario luctuoso, como si tuviera un carácter oficial. En realidad es el pueblo el que ha tomado este día como suyo, siempre con características parecidas, pero con familiares e hijos nuevos en cada ocasión. "Todos somos hijos de Pedro Infante", dijo uno de los asiduos asistentes a los homenajes, sin faltar las misas en su honor, en el Panteón Jardín.

Pasemos ahora al trigésimo aniversario de su muerte, en el que *La Prensa* publicó:

"Irán cerca de diez mil personas al Panteón Jardín al cumplirse el trigésimo aniversario de la muerte de Pedro Infante, uno de los ídolos más queridos de México... Para esta fecha tan especial han anunciado su presencia, ante la tumba del carpintero de Guamúchil, Sinaloa, autoridades de la ANDA, ANDI, Escuadrón de Motociclistas y por supuesto diferentes Clubes de Admiradoras que existen...

"Durante treinta años se han mantenido las escenas y temperamento de quienes se dan cita en el panteón. Con respecto al de otros años pareciera no haber una diferencia cualitativa después de tres décadas, pero sí un elevado incremento de visitantes. Tal vez la diferencia importante que podríamos encontrar es la mitificación y leyenda que se ha desarrollado año con año, en torno a la figura, personalidad e imagen del ídolo de México."

Casi como cualquiera

La figura de Pedro Infante como mito popular se ha ido retroalimentado con el conocimiento de su calidad como persona, siempre sensible y humanitaria, la cual no tiene divorcio perceptible con la que refleja en sus caracterizaciones más afortunadas.

Respecto a lo anterior, podríamos citar como ejemplo lo publicado en algunos diarios capitalinos el 16 de abril de 1972, a los 15 años de su muerte:

"Según afirmaciones fidedignas, el paso por la vida del cantor de Guamúchil estuvo sembrado de actos de matiz humano, como el realizado en la persona de Esther González Betancourt, quien religiosamente y año con año asiste a llevar una ofrenda al Panteón Jardín... Hace 16 años presa de una terrible enfermedad deshidratante tuvo su madre que acudir a horas inadecuadas de la noche, sin recursos económicos, a diferentes hospitales sin encontrar la ayuda requerida. Al fin se le ocurrió ir a la clínica de actores y requirió la ayuda de Rodolfo Landa, en aquel tiempo secretario general de la Asociación Nacional de Actores. Era necesario hacer una transfusión, pero por desgracia no se encontraba el tipo de sangre requerida. Pedro Infante, al saber esto, se ofreció como donante, para que se usara la sangre de él, si servía para el caso. Y afortunadamente era el tipo solicitado y gustoso donó sangre a quien no conocía."

Cuando se cumplieron 30 años de su muerte el periódico *La Prensa* publicó el 15 de abril de 1987:

"Jaime Carrillo Gutiérrez, mecánico de aviación, resaltó las cualidades de Infante de dejarse mimar y querer por la gente, haciendo y pidiendo a su vez, favores que las personas gustosas le aceptaban o concedían. 'Por motivos de mi trabajo traté a Infante; era muy sencillo y recuerdo que yo moría por tripular un avión, entonces me pedía mi moto prestada y, en cambio, yo podía usar la nave'."

Después de su muerte han habido considerables pruebas de agradecimiento por favores personales que aún se recuerdan y, por otro lado, testimonios de la característica bondad y el humanismo del actor. Pedro Infante fue admirado por su sencillez, por ser casi como cualquiera y poder ser tratado con la misma camaradería con la que se trataría a una persona común.

Reconocimientos póstumos

Tal vez uno de los más memorables fue el celebrado el 25 de abril de 1987, cuando se develó su estatua en Garibaldi, a sus 30 años de muerto. Esta escultura fue la primera en la capital de las que actualmente existen en la famosa plaza y causó un gran caos vial en el Eje Central. En esa ocasión *Excélsior* publicó la siguiente nota:

"Pedro Infante tiene más jalón que cualquier partido político...

"Eran más de quince mil personas que apretujadas llevaban carteles con la imagen del cantante en traje de charro, caracterizado como Tizoc, o con smoking y que aplaudían a rabiar a Irma, Pedro, Cruz, José, Guadalupe y René Infante, sus hijos, a José Delfino y Ángel Infante, sus hermanos; a Irma Dorantes y Lupita Torrentera, quienes fueron sus esposas...

"Llegó el momento de los discursos e Ignacio López Tarso fue breve pero emotivo al hablar del ídolo. No ocurrió lo mismo con Eduardo Contreras Alatorre, director general de Socicultur del DDF: 'Hablar de Pedro Infante es hablar de la más fácil expresión del sentir de un pueblo, que acostumbrado a sobreponerse de las fatalidades, lucha incansablemente por conservar su esencia y genuino sentimiento [...] Infante es mito, pero también ejemplo, su figura, su talento, su llaneza debe ser ejemplo para entender a este México nuestro. Pedro Infante es la prueba irrefutable de que México vive y vivirá siempre [...] Nuestro pueblo siente y quiere a Pedro Infante, es éste nuestro pueblo, quien ha pedido que se le rinda tributo mediante este homenaje. Por ello el gobierno de nuestra ciudad en su labor de responder al cumplimiento de las demandas ciudadanas, ha considerado justo levantar una estatua al personaje que sigue contagiando vida, al artista que todos admiramos, al ídolo con quien todos hemos llorado, aquí en la Plaza Garibaldi, centro mismo de nuestra música mexicana, donde se seguirá recordando la alegría, fortaleza, simpatía, voz y carisma de Pedro Infante'."

La leyenda continúa y su fama ha traspasado la barrera de lo racional y ha caído a veces en lo ilusorio. Así, en 1990, cuando Pedro Infante cumplió 33 años de muerto, el 16 de abril, el periódico *El Universal* comentaba:

"Treinta y tres años han pasado y Pedro vive en el recuerdo, murió en la flor de la vida. Cuando fama y fortuna le sonreían por igual, para entrar en la leyenda...

"Hay quien dice que no murió, que su muerte fue fingida para retirarse sin llegar a la decadencia, para que el pueblo lo recordara como el gran ídolo de México. Rumores...

"Como aquel día del desgraciado accidente, mucha gente aún se niega a creer que Pedro Infante no está ya en el mundo de los vivos".

Este tipo de consejas que giran en torno a Pedro Infante, da cuenta de que su fama ha llegado al plano de la leyenda, misma que sigue alimentándose por tradición oral.

La figura mítica de Pedro Infante ha merecido la atención de intelectuales y críticos. *Novedades,* a los 23 años de su muerte, el 16 de abril de 1980, publicó una entrevista con el doctor en psicología Ángel San Román, en aquel entonces director general de Orientación Vocacional de la UNAM:

"... Pedro Infante, representaba el ideal de la mayor parte de los hombres y era por decirlo así el mustio romance que ambicionaban casi todas las mujeres [...] Lo que nunca alcanzó el grueso de los mexicanos lo simbolizaba Pedro Infante, veían en él todo de cuanto carecían y la identificación era absoluta, puesto que en aquella personalidad se proyectaban del todo. Era un sujeto con espolones, identificado hasta en el aspecto físico con el pueblo, un hombre joven de lo más agradable, que sabía cantar, actuar, que conquistaba a todas las mujeres, que tenía dinero, carros, residencias, aviones, que se emborrachaba alegremente, carcajeándose del mundo [...] Pedro Infante murió joven. Y al desaparecer así de un momento a otro, cuando nadie lo esperaba, aquella carga se volvió concepción mítica y nuestra sociedad lo idolatró".

A los 20 años de su muerte, el 17 de abril de 1977, en *El Universal,* una crítica de cine dio su opinión:

"André Malraux dice en su *Psicología del cine* que una estrella es una persona capaz de un mínimo talento dramático cuyo rostro expresa, simboliza, encarna un instinto colectivo [...] Pedro Infante en ese aspecto encaja dentro de la definición que hace el intelectual francés, su público no ve en él imperfecciones artísticas, sino cualidades humanas, las que enaltece o sublimiza al correr de los años...

"Los enciclopedistas del cine, al referirse al caso Infante, señalan que fue mejor cantante que actor, con todo y que en sus 55 películas combinara las cintas de charro con las de comedia o de drama urbano [...] dos contradicciones saltan a la vista, una la de los expertos fílmicos y otra la del público. Los primeros lo analizan como resultado de un determinado fenómeno social y los segundos lo aceptan, lo sitúan como una aspiración concretizada que encontró una ruptura en su ambiente por donde pudo brotar para brillar con luz propia, sin mayores explicaciones.

"Era un ser humano con ese factor de la sencillez, que escapa fácilmente al análisis severo, porque estamos demasiado 'ocupados' en estudiar, admirar, comentar los 'productos cinematográficos extranjeros'.

"Y en estos momentos en que la falta de valores humanos es tan clara y tan específica, volteamos a ver a ese personaje un poco extraño para nosotros posiblemente, pero no para el grueso del público que lo recuerda y lo recuerda bien, por lo que fue, no por lo que pretendió ser."

Uno de los intelectuales más conocidos del país, Carlos Monsiváis,[5] en abril de 1986, en un suplemento de la revista *Encuentro* escribió el artículo "¡Quién fuera Pedro Infante!", del que vale la pena entresacar algunas reflexiones, en cuanto a los valores humanos que forjaron su leyenda.

"No fue la imagen inalcanzable, sino por el contrario el modelo inmediato, un estímulo perdurable de imitación o captura.

"Hizo de su conducta un programa ideológico que al principio se fundó en el prestigio social de las palabras mujeriego, calavera, parrandero, querendón...

"Más que simbolizar, actuó en la vida en el entrecruce de dos realidades, la urbana y la rural, y demostró la facilidad con que podía entenderse y alterarse a partir de la desposesión económica y cultural [...] nunca hubo fisura entre la leyenda y sus versiones públicas...

"Al personaje lo van fijando su generosidad, su humildad, su alegría contagiosa y su carencia de poder (Pedro Infante nunca representaría poder, Negrete siempre)..."

Al abordar el tema Pedro Infante no se debe perder de vista que, ante todo, fue un fenómeno social muy cercano a la idiosincrasia mexicana. Su imagen fílmica, aun después de muerto, ha condicionado comportamientos sociales e incluso podría decirse que es, en muchos aspectos, un reflejo de nuestra esencia. No es extraño entonces que los festejos y homenajes, en sus aniversarios luctuosos, conmuevan a grandes sectores del país. Un hecho sin precedente es que las nuevas generaciones, que no llegaron a tener un contacto directo con Pedro Infante, han seguido fieles a su recuerdo. Por ejemplo, en 1992 se logró reunir a unas veinte mil personas en el Monumento a la Revolución, para rendir homenaje oficial al ídolo de México. Ocasión en que, por primera vez, se proyectó un rayo láser que iluminó a la gran capital reproduciendo su imagen al ritmo de la música.[6]

Pedro Infante fue admirado por todo aquello que le permitía, al mismo tiempo, ser como cualquiera y ser reconocido, además, por cualidades propias que lo enaltecían. El actor reflejaba al ser humano real y éste al actor destacado. El pueblo jamás percibió una impostura derivada del éxito y esto explica, en general, su presencia en nuestros días.

Desde el día en que fue sepultado en el Panteón Jardín, la tumba de Pedro Infante no ha dejado de tener un solo día, algún arreglo floral y frecuentes visitas, entre las que se cuentan las de sus fieles seguidores, así como de gente muy joven, incluso niños que desean conocer el lugar donde descansan sus restos; tumba en la cual ya está

Ricardo Rocha y Sealtiel Alatriste entrevistando a José Ernesto Infante Quintanilla, en un programa dedicado a Pedro Infante.

acompañado por sus padres y tres de sus hermanos: Carmela, Ángel y Pepe.

Entre dos milenios

En 1993, el día 17 de abril, Ricardo Rocha realizó, por espacio de 10 horas, un programa dedicado totalmente a Pedro Infante, en el que destacó una entrevista virtual, que, según el periodista, para él representó "la entrevista que siempre deseé hacer" y una mesa redonda en la que intelectuales, directores de cine, intérpretes de todos los géneros musicales y sociólogos, analizaron la vida y obra del ídolo y su impacto en la sociedad mexicana, concluyendo que, sin lugar a dudas, es el mexicano más querido y popular del siglo XX.

Leopoldo Meraz (reportero Cor) decía al cumplirse el 35 aniversario de la muerte de Pedro, en 1992:[7]

"A Pedro Infante lo ama la nueva generación por sus películas de una simpática frescura inigualable, tan simpático pero tan real, a la vez... Pedro Infante es pueblo-pueblo-pueblo, como decía su primer biógrafo entre real fantasioso, Ortega Colunga, editor de una historieta que rompió récords de venta a fines de los años cincuenta, y como decía su argumentista, Alberto Domingo: 'la grandeza es lo que testigos viejos cuentan...'

"La vez que entró en la escuela de leyes, en el viejo recinto de San Ildefonso, apoyando la candidatura a la sociedad de alumnos de Juan José Castillo Mota [...] y ante el director Chato de la Cueva, habló mejor que el entonces campeón internacional de oratoria Porfirio Muñoz Ledo.

"A los futuros litigantes o jurisperitos les cantó en un intermedio de su trabajo en el teatro Lírico y luego los envidió por su vocación de estudio. 'Aprovechen y no se arrepentirán', les dijo. Muchos hicieron carrera, Enrique González Pedrero, por ejemplo...

"¡Qué tiempos cuando Pedro permitía el acercamiento del pueblo y lo introducía, pues, en el inolvidable acto de amor o el simpático acto de amistad! Fue sobre todo un maravilloso estilo instintivo...

"Una noche lo vimos en el teatro Royal, el gigante de los cines, en Torreón, llegó como un muchacho prometedor en las caravanas que organizaban el ventrílocuo Paco Miller, su hijo de madera don Roque y su esposa de carne y hueso la Panchita. Después de la actuación de Paco Miller, 'cerraba' el charro y su mariachi, Pedro Infante... Entre aplausos y delirios cuando llegaba a seis piezas, un tope del triunfador, la gente temía 'perderlo' y entonces él formalizaba la promesa: 'Cantaré hasta que la garganta se me cierre'... y esa ocasión amanecimos...

"Fue un verdadero precursor de los que todo lo entregan en el foro; Juan Gabriel y Vicente Fernández, seguramente son de la misma idea y de la misma pasta..."

El 15 de abril de 1993, el Fabricante de Estrellas[8] comentaba: "Un día de fiesta popular: 15 de abril, el día de Pedro Infante. Después de 36 años de llorarlo como a nadie, es natural, faltan las lágrimas… Las beatas dicen: Pedrito se fue al cielo… Las mujeres aseguran que el infierno es el de los grandes enamorados. Ahí en la eternidad, rojo pasión. El gran fuego. Pero Pepe el Toro fue el fuego abrasador y también el fuego de 'Amorcito corazón' y seguramente lo tienen en casa, la Santa, la Esperanza, la Chorreada... En el mejor de los casos Pedro es la reencarnación de la simpatía... En un momento de sinceridad Verónica Castro dijo: 'De casarme hubiera elegido a Pedro Infante'... De Pedro se ha escrito y dicho todo. Las nuevas generaciones desconocen su historia y agregan episodios a la leyenda. No importa..."

En febrero de 1994 la prensa nacional destacaba un suceso relevante: por primera vez en la historia del Paseo de la Fama, en Hollywood, se reconocía a un actor, que nunca trabajó ahí. En esa ocasión también fueron homenajeados Sophia Loren, la diva italiana, y Charlton Heston el galardonado actor y presidente de la Asociación Nacional del Rifle, en los Estados Unidos. Ambos se sorprendieron frente al tumulto y caos vial que provocó el reconocimiento a Pedro. Sólo se escuchaba: "¡Viva Pedro Infante!, ¡Viva México... Viva!" Pepe Crowe, junto con su hermano Paco, luchó incansablemente para que los organizadores y la Cámara de Comercio dieran tal distinción al ídolo de México, que, nuevamente, cimbró al estado de California.

En octubre de 1992, Elena Poniatowska[9] publicó dos artículos relacionados con un prólogo de un libro más acerca de Infante, de ellos rescato para el lector las líneas medulares:

"El ídolo de las multitudes murió dos veces... Primero en el cielo de Mérida, después en la tierra de la ciudad de México: el 15 de abril de 1957... A partir de ese momento se armó un san Quintín, los mexicanos se quisieran morir también. ¡Morirse a los treinta y nueve años! ¿Será posible?... las consecuencias de su desaparición fueron fatales. El pueblo de México aguanta un piano; aguanta al PRI, la corrupción de sus gobernantes; la voracidad de la iniciativa privada, pero la muerte de Pedro eso sí no lo aguantó, ya la parca se había llevado al Charro Inmortal, Jorge Negrete... ahora se llevó al cantor de la alegría, eso sí que no... [hubo] lesionados, desvanecidos, suicidas, una niña de catorce años en Monterrey: ¡Papi, mami, yo sin Pedro no puedo, ni quiero vivir!; otra venezolana, tontas, tontitas, tontísimas... En el panteón no cabía un alfiler, hubo cuarenta y tres heridos y cien golpeados, monumentos destrozados, cruces hechas añicos, angelitos desalados, la tierra del Panteón Jardín convertida en picadero, pisoteada, ultrajada a la hora del Apocalipsis, la vida es canija, pero la muerte es más... Al igual que otras jovenazas, quisiera rendirle a Pedro un homenaje y esparcir a sus pies un ramito de nomeolvides; total, yo soy de su borregada, lo confieso virtualmente y a renglón seguido paso a entonar la canción que hizo soñar a tantas mujeres: 'Amorcito corazón'... En muchos lugares públicos y en pequeños negocios existen grandes pósters de Pedro Infante... a todos les cae bien... lo aman como a Emiliano Zapata. Es el mexicano valiente, enamorado, el charro cantor, el que salió del pueblo, es uno de ellos... En realidad, a Pedro lo mataron las pinches viejas con sus pinches urgencias..."

Al cumplirse 35 años de su fallecimiento, Jesús Camacho Villaseñor, más conocido como Pedro de Urdimalas, caballero del escenario, compositor, argumentista y excelente amigo de Pedro, así como de quien esto escribe, al hacer nuestro primer libro sobre su vida, nos reunimos en numerosas ocasiones con mi padre. En ese grupo algunas veces nos acompañaron Fernando Tovar y de Teresa y don Gonzalo Castellot para platicar sobre las vivencias que estos ilustres amigos compartieron con el ídolo. Pedro de Urdimalas fue el guionista de *Nosotros los pobres* y *Ustedes los ricos*. En ese año (1992) nos sorprendió con una carta llena de reminiscencias dirigida a su querido tocayo, publicada por la revista *Época*:[10]

> Señor Pedro Infante Cruz:
> Te escribo la presente desde la última estación de un primoroso viaje para el cual no hay boleto de regreso, ¡la vida!: ¡qué linda es por dura que sea!
>
> Tú llegaste al mundo seis años después que yo y te quedaste de inquilino para siempre en el alma de los humildes, en donde vives y no pagas renta.
>
> Los humildes... los que no vieron en ti un burro mercantil y que conste que yo no soy de estos últimos, pues mi contrato de *Nosotros los pobres* dice... 'por dos mil quinientos pesos que serán pagados en abonos de doscientos pesos semanarios, escribiré, argumento, adaptación, letra de canciones (y ahí se fueron; 'Amorcito corazón', 'La suerte chaparra', 'Corazoncito', 'Ni hablar mujer' y de pilón 'Las mañanitas')... ése fue el contrato... Como compensación, tú, mi Pedro, me has regalado por las canciones un montón de centavos y desde que Roberto Cantoral está de presidente de los compositores, montón de pesitos... y sobre todo, tengo el cariño del público, que vale más que todo el dinero del mundo.

Tocayo: tu voz enamorada ya había hecho travesuras entre las muchachas de tu tierra, Mazatlán, donde las mujeres son como la ola verde. Esa ola que le dio ímpetu a tu arrolladora personalidad.

Supiste del encanto de ser pobre. En tu casa ronroneaba la máquina de coser de doña Cuquita, tu Ma, y gemía el contrabajo de don Delfino, tu Pa.

Tu hermano Ángel fue un defensor de oficio desde que comenzaste a hacer 'solitos'; ¡cómo te cuidaba! Siempre se echaba la culpa de todas tus hazañas infantiles; comerte el pan de todos... romper jarros y cazuelas... miarte en la cama... hacer incendios... y Ángel recibía las tundas pues siempre decía: 'Yo lo hice'.

En honor tuyo debo decir que eres una ardilla para subirte a los árboles a robarte la fruta y el que recibía los garrotazos era el que años después fue padre de la preciosa actriz Sonia Infante... ¡Ah! y tu hermano Pepe... nadador, ciclista, boxeador y muy amigo mío... era el guardián de la familia.

El condenado parecía perro bulldog atacando al que maloreaba a tus hermanitas, chulas como ellas solas. En tu casa, como eran muchos, a veces llamaba el hambre; pero nunca la dejaste entrar. Tú, Pedro, hasta movías el pedal de la máquina de coser, horas y horas, para que doña Cuquita no se cansara y te hiciste músico, carpintero, peluquero... Todas ayudaban y tú te comías todo cuando se descuidaban.

Fuiste un enamorado del amor. A ninguna le decías que no; y todas te preguntaban que si sí...

Te viniste a México con una bonita, y de bonita en bonita llenaste el mundo de amoríos. Cuando llegaste a la capital, los coches libres, hoy taxis, cobraban un tostón por una dejadita de la Villa a San Ángel, que ya se llamaba Villa Obregón.

Lázaro Cárdenas se llamaba San Juan de Letrán, me refiero a la calle, y era angostita. Desde donde hoy está la torre Latinoamericana, se veían el Convento del Carmen en San Ángel y la Basílica de Guadalupe. Cuando llegaste con tu bonita, fuiste a la Villa y te pusiste a cantar en el mercado diciendo que lo hacías para cumplir una manda. Juntaste buenos centavos y la manda fue un pollo con mole, barbacoa con salsa borracha y café caliente... La Virgencita debe de haber sonreído desde su antigua Basílica...

Todo supiste hacer, sobre todo morirte a tiempo. Antes de cumplir cuarenta años, que en México es el mayor delito.

Te deseo que allá en la eternidad no dejes que te meta en problemas ninguna de las once mil vírgenes... por allá nos vemos, tocayo.

Pedro de Urdimalas (creador del personaje de Topillos en las películas de *Nosotros los pobres* y *Ustedes los ricos)* ya alcanzó a su tocayo en la eternidad, falleció en 1994, y quizá siga componiéndole canciones a Pedro, para regocijo de todos los que ya se nos adelantaron.

Pedro Infante es ya un icono insustituible, y tanto en nuestro país como en el extranjero, su voz y presencia fílmica se mantiene como una de las más populares entre las nuevas generaciones. Continuamente todos los puestos de periódicos tienen en sus exhibidores la figura de Pedro, ya sea porque salga a la venta algún video, o porque alguna revista publique algo de su historia, o incluso pósters con su imagen.

En la capital de la república, como ya se ha comentado, emisoras como la w, Radio Sinfonola, Radio Consentida, El Fonógrafo, Bonita, la b grande y muchas más se encargan de mantener vivas sus interpretaciones.

En sus aniversarios luctuosos siempre destaca la cobertura que realizan Gustavo Alvite y Arturo Cortez, de Radio Sinfonola, en el 1410 de a.m. Asimismo, en Monterrey, hace lo propio el programa que se transmite diariamente por La Regiomontana, con Eduardo Becerra. Además, recientemente en la Macroplaza de esa hermosa ciudad se han llevado a cabo numerosos festivales populares para conmemorar un año más sin él. Igual sucede con los festejos organizados por Dora Elia Salazar Silva, con el apoyo del gobierno municipal de Ciudad Guadalupe, Nuevo León, y en los últimos años apoyados por el gobierno de Nuevo

Homenaje a Pedro en Monterrey en el club Ramito de Azahar, José Ernesto Infante (segundo a la izquierda) y Ernesto Infante Barbosa (segundo a la derecha).

León y el propio municipio de Monterrey, se han realizado magnos eventos en el precioso recinto del Museo de Historia Mexicana, en Monterrey, N.L., ubicado frente a la Macroplaza, donde precisamente, en 2011, y con récord de asistencia se presentó el museo intinerante del ídolo, con tremendo éxito. En ese suntuoso lugar, tanto en abril de 2012, 2013 y 2014, se han realizado sendos y bien organizados homenajes a Pedro Infante. En éstos ha destacado la voz de Ramón Gutiérrez Rangel.

Por su parte, en la ciudad de Mérida existe un monumento a su memoria, realizado por Humberto Peraza Ojeda, renombrado escultor yucateco, así como un busto en el lugar exacto del fatal accidente. Sería deseable que las autoridades de Mérida trasladaran este monumento al Paseo de Montejo, en el lugar conocido como El Remate, con la finalidad de que fuera más frecuentado por el turismo nacional y extranjero que visita el lugar. Por supuesto que esto implica un amigable consenso entre los vecinos y clubes de admiradores involucrados, con la finalidad de dejar a todo el mundo contento. En ese lugar, El Remate, es donde se realizan festivales de música folclórica todos los fines de semana.

En la capital, durante abril del 2003, Pedro Infante volvió al cine, a través de un ciclo cinematográfico —Viva el Cine Mexicano: ¡Pedro Infante ha vuelto!— en el Auditorio Nacional organizado por Conaculta,[11] con una asistencia promedio de tres mil personas por función, una cifra que superó con mucho las expectativas de los organizadores.[12] El ciclo comenzó el jueves 17, con la proyección de *Nosotros los pobres*. Ésta fue la primera vez, en cerca de 55 años, que el filme dirigido por Ismael Rodríguez volvió a la pantalla grande, con sonido remasterizado e imagen renovada. En esa ocasión, la ciudad de México se vio cubierta por enormes pancartas y fotos de Pedro, que promovían la interesante jornada cultural. Es importante comentar aquí, que el sábado 19, al proyectarse la película *Los Tres Huastecos*, se mostraron por primer vez 10 minutos de tomas inéditas y muy agradables, una excelente idea de don Ismael Rodríguez y su equipo de trabajo.

También en abril del 2003, en todos los diarios del país, se anunciaba a páginas completas el interesante programa de la serie "México Nuevo Siglo", "No me parezco a nadie, la vida de Pedro Infante", sus amores, sus personajes, su leyenda. La intensa vida y el trágico final del ídolo mexicano en su 46° aniversario luctuoso.[13]

Como comentarios finales me gustaría relatar una anécdota sucedida un jueves de agosto de 1994, en el restaurante El Cardenal, de la calle de Palma, en el Centro Histórico de la ciudad de México. En esa ocasión comíamos juntos un grupo de amigos, entre ellos, mi padre Pepe Infante, Alfonso Castillo Burgos, a quien agradezco la idea original de realizar esta historia, mi inolvidable amigo y maestro Francisco Maydón Garza, Roy Guerra, Armando Zenteno, conocido periodista y conductor de espectáculos y de deportes, también nos acompañaba el dueño del excelente restaurante, Jesús Briz Infante y, por supuesto, mi querido padrino el doctor Ariel Barceló.

Después de departir amablemente sobre asuntos diversos, al tocar el tema de Pedro Infante, Armando Zenteno solicitó la palabra de forma muy seria y antes de narrar una anécdota personal, nos solicitó anticipadamente una amplia disculpa, por si alguien pudiera sentirse afectado u ofendido, o por si pudiese ser irreverente con lo que iba a relatar.

Todos nos quedamos sorprendidos ante la advertencia y esperamos atentos su narración.

"A fines de 1956, un grupo de estudiantes de 6° año de primaria, de diferentes escuelas de la capital, fuimos seleccionados por buen desempeño por las autoridades educativas, para visitar a artistas consagrados, como un estímulo o premio al esfuerzo realizado. En esa ocasión se organizaron dos grupos, uno para visitar a Mario Moreno, Cantinflas, y otro a Pedro Infante. En total éramos como cincuenta estudiantes; la mayoría queríamos ir con Pedro, por supuesto que yo también, así que tuve la suerte y junto con otros treinta alumnos nos dirigimos de manera muy ordenada a Cuajimalpa, por el kilómetro 17.5 de la carretera México-Toluca, a la casa del señor Infante. Cuando llegamos al jardín, vimos que tenía una hermosa alberca, unas instalaciones increíbles y novedosas para la época, además llegaban los aromas de un deliciosa cocina, cuando de repente aparece él, nos abraza con afecto y sencillez y saluda a todos como si fuera un viejo amigo, como un padre. Sentí una imborrable e inolvidable emoción que jamás he sentido en mi vida. Cuando lo vi... ¡yo vi a Dios!. .. y vaya que en mi vida profesional, posteriormente, he tenido la oportunidad de conocer y entrevistar a grandes personajes de la vida política, artística, cultural y deportiva tanto nacional como internacional. Pero les digo una cosa: jamás en mi vida he sentido esa sensación única, de ese maravilloso recuerdo de mi infancia."

La anécdota nos emocionó sobremanera. Mi padre abrazó a Armando y todos sentimos la misma añoranza al compartir esa evocación de la vida personal de mi apreciado Armando Zenteno.

Lo anterior me trajo a la memoria que, el 19 de mayo del 2005, fui invitado al teatro Carlos Acereto, en la ciudad de Mérida, por el ingeniero Roberto MacSwiney, destacado conductor y periodista de la Ciudad Blanca, así como por el maestro Ariosto Aké, profundos conocedores de la trova y de la cultura yucateca. En esa ocasión me invitaron al homenaje que se hacía a dos distinguidos maestros a quienes se les ofrecía un reconocimiento por su trayectoria magisterial. Mi intervención en ese programa consistía en platicarle al público asistente (la mayoría maestros y familiares de éstos) sobre la vida de Pedro Infante y la posibilidad, como popularmente se dice, de "echarnos un palomazo".

En fin, todo fue sobre ruedas y, al terminar mi participación, me dirigí hacia la parte trasera de los paneles. En esos momentos se me acercó el maestro William Gómez, hombre de unos 70 años, quien se presentó, me abrazó y me relató con llanto apenas contenido, que en 1955, al presentársele una delicada enfermedad que requería medicamentos sumamente caros para su tratamiento y que su familia no podía sufragar, un amigo le recomendó ir a casa de Pedro, quien era su vecino. Lo hizo, le expuso el problema y su sorpresa fue mayúscula cuando el mismo Pedro lo subió a su auto y fueron juntos por el medicamento. Un gesto de bondad por el que le quedó eternamente agradecido. Acciones humanitarias como ésta, en apariencia pequeñas, revelan la estatura moral de una persona.

Y así pasan y pasan los años y los eventos en torno a su recuerdo siguen siendo cada día más tumultuarios y se han convertido en grandes festivales para celebrar su aniversario luctuoso; desfilan artistas, cantantes y los festejos se suscitan en diversas ciudades del país y del exterior y por internet; es impresionante la información y relatos de estos agradables acontecimientos.

En julio de 2006, tuvimos la suerte de presentar este libro en su primera edición, en la ciudad de Mérida en el majestuoso recinto del museo de la canción yucateca contando en el presidium con mi querido "papi", don Andrés

García Lavin, don Juan Dutch, don Luis Pérez Sabido y mi querida prima Lupita Infante; evento inolvidable por lo emotivo y récord de asistencia.

Asimismo, el 6 de octubre de 2006 en la ciudad de México en Bellas Artes, en el Salón Manuel M. Ponce, se presentó el libro, con lleno a reventar y con excelentes y distinguidos amigos y comentaristas en el presidium; como es el caso de la reconocida escritora Guadalupe Loaeza Tovar, mi apreciado amigo don Fernando Tovar y de Teresa, el destacado conductor y escritor de espectáculos Chucho Gallegos, mi querida tía Lupita Torrentera y mi adorada prima Lupita Infante Torrentera. Entre muchos otros eventos dentro y fuera del país, no quisiera dejar de mencionar la honrosa invitación de que fui objeto, en octubre de 2008, cuando la dirección de la Biblioteca Pública de Dallas me permitió presentar el libro; con récord de asistencia en su teatro principal que, además del aspecto cultural, cerraron el evento con música de mariachi. Igualmente, como alegre, simpática, cultural y muy musical, la presentación de este libro ante la muy querida comunidad mazatleca

En Mérida con mi queridísimo don Andrés García Lavín.

Entrevista en TV, Álvaro Gálvez y Fuentes su "papi" Ismael Rodríguez.

radicada en México, D.F., en febrero de 2010 y en octubre de 2013.

En recuerdo de Ismael

El binomio Infante-Rodríguez representa una de las fórmulas más exitosas dentro de la historia del cine contemporáneo. Y este capítulo no puede terminar sin unas líneas dedicadas a Ismael Rodríguez, quien falleciera a principios de agosto del 2004. Consideramos pertinente recordar al creador de tantos personajes que contribuyeron a hacer de Pedro lo que es hoy. Ambos eran de la misma edad y coincidían en ideales. Los dos sinceros, profesionales y de gran nacionalismo. Sin duda, ha sido el director de cine mexicano de mayor popularidad.

De Pedro, a quien siempre le tuvo una gran admiración, cariño y reconocimiento, siempre guardó el más leal de los recuerdos. No olvidamos que por su magnífica dirección en *Tizoc,* Pedro ganó el Oso de Plata de Berlín, como el mejor actor del mundo.

Durante los servicios funerarios de este destacado director cinematográfico, su hijo Ismael expresó algo que lo pinta de cuerpo entero: "Utilizando el humor negro que tanto le gustó a mi papá, yo diría que seguramente ahorita se encuentra en el cielo con Pedro Infante y diciéndole: 'Mira allá están llorando, pero ya es la hora del amigo, así que vamos a tomarnos un trago'".[14]

En la única entrevista televisiva que se conserva, Pedro manifiesta su gratitud a su amigo y director: "Yo entré al cine, pero yo no le atinaba a todo. Como actor soy malo, ni yo mismo me aguanto. Ismael me dio la carrera, él me enseñó, y así como él me ha enseñado a hablar ante la cámara, así le ha enseñado a varios compañeros". Gran respeto y agradecimiento a su director cinematográfico y amigo a quien le decía con afecto "Papi". Don Ismael alguna vez me comentó: "Pedro es el hombre de las tres ies: inmortal, inigualable e irrepetible".

Al final

En fin, pasarán "Cien años" y Pedro Infante, "Mexicano hasta las cachas", el "Hijo del pueblo" será para muchos "El muchacho alegre" que "Muy despacito" nos recordará cuando le decían "El mil amores" y como "Viejos amigos" nos hará reir con la "Carta a Eufemia", y quizá bajo una

"Luna de octubre" nos pregunte extrañado "¿Qué te ha dado esa mujer?", a veces tan "Orgullosa y bonita". Sin duda, nos dará "Tres consejos", entre los cuales uno será llevarle serenata para cantarle "Amorcito corazón"; a lo mejor se nos quita lo "Mal correspondido" y, cuando "Ella" salga a la ventana, nos dará un suave codazo como diciendo "Mira nada más". Ya para despedirse dirá "Que me toquen 'Las golondrinas'", pero con la advertencia, después de un "Café con piquete", de que a pesar de las distancias "Siempre" estará entre nosotros, para finalmente echarnos "un copetín".

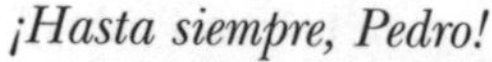
¡Hasta siempre, Pedro!

7. VIDA DEL ARTISTA

Discografía 1942-1956

Pedro Infante, antes de llegar a la capital, era ya un buen cantante y un excelente instrumentista entre los jóvenes músicos de su estado natal. Por desgracia, de su paso por la orquesta Estrella y otros grupos sinaloenses, así como de sus presentaciones en la XEBL de Culiacán, no quedó grabación alguna, aunque sí testimonios, documentos y fotografías.

En 1939, al arribar a la capital, a pesar de ser un joven de 22 años contaba ya con una sólida experiencia, lo cual fue un elemento clave que le permitió su ingreso a la XEB. Más tarde, a principios de los cuarenta, se desempeñó como crooner en el Waikikí y, poco tiempo después, su desenvoltura lo llevó al Tap Room y Salón Maya del Hotel Reforma, a dirigir la orquesta del prestigiado hotel.

Aunque para 1942 ya había grabado dos discos en RCA Víctor, y participado en tres cortometrajes musicales, el conocer al director de Discos Peerles, don Guillermo Kornhauser, fue determinante en su vida profesional. Así, el 29 de octubre de 1943 graba cuatro canciones: "El durazno", "Ventanita de oro", "El azotón" y "El soldado raso". Seis días después, el 5 de noviembre del mismo año, graba los valses "Rosalía" y "Mañana".

Desde su primera grabación y hasta el primero de diciembre de 1956, cuando acude por última vez a los estudios de Peerles, alcanzó a dejar el registro de su voz en 330 temas para esa disquera, así como 98 más para películas. Muchos de ellos fueron grandes éxitos que aún permanecen en el gusto del público y ahora ya son himnos, indiscutibles en la cultura musical mexicana.

Algunos números y estadísticas

En total Pedro Infante grabó 430 canciones: 2 para RCA Victor, 330 para Peerles, 98 para películas y además existen 5 temas a su memoria.

Pedro grabó a más de 170 compositores, entre los autores y compositores a quienes grabó con más frecuencia están:

Autor	*Número de temas*
Manuel Esperón	54
José Alfredo Jiménez	47
Ernesto Cortázar	44
Rubén Fuentes	44
Cuco Sánchez	24
Alberto Cervantes	20
Pedro de Urdimalas	17
Rubén Méndez	15
Chucho Monge	9
Tomás Méndez Sosa	9

Autor	*Número de temas*
Agustín Lara	7
Felipe Bermejo	7
Consuelo Velázquez	7
Rubén, Pénjamo, Méndez	4
José Antonio Zorrilla, "Monis"	2

Por género sus canciones se pueden clasificar:

Género	*Número de temas*
Rancheras	164
Boleros	102
Corridos y huapangos	48
De cantina	35
De vacilón	31
Mañanitas y serenatas	28
Valses	17
Infantiles	5
Total:	430

Catálogo discográfico en Peerles, 1943-1956

Del 29 de octubre de 1943 al 1° de diciembre de 1956, Pedro Infante grabó 330 temas para la disquera Peerles en 51 sesiones con cierta consistencia estadística por año, que variaban de sólo grabar una canción en un solo día, hasta incluso en una sola sesión 12 temas, o sea todo un LP, ahora

En una sesión de grabación en Peerles (1947).

un CD, se puede observar la intensidad con que trabajó en los años 1950 y 1951, en la que en sólo en esos dos años, grabó el 25% de un periodo de 15 años.

Su primer tema con la empresa Peerles* fue el "Durazno", precisamente en 1943 y el último, "Corazón apasionado", en 1956. Pedro plasmó una de las historias musicales más relevantes, intensas e importantes de la música mexicana y universal. Así que el ídolo, debió haber andado con frecuencia por los rumbos de la disquera ubicada en Mariano Escobedo No. 201, Col. Anáhuac. En años recientes Peerles fue vendida a Warner Music México, ubicada

*El 24 de marzo de 1947, Pedro acude a la disquera Peerles a grabar 11 temas. En esa sesión de trabajo, el conocido fotógrafo de la época Tomás Montero Torres, le tomó una serie de fotografías, de las cuales presentamos cuatro en este volumen. Agradezco profundamente al ahora "archivo Tomás Montero" el facilitarnos estas increíbles e históricas tomas.

en la calle de Leibniz en la colonia Anzures de la ciudad de México, la cual ahora produce el vasto catálogo musical de Pedro Infante que incluye las 330 canciones grabadas en la disquera, además de las 98 para películas, además de las dos de RCA Víctor.

Temas que han sido compuestos en su memoria

Canción	*Autor*	*Compositor*
Adiós a Pedro Infante	Felipe Valdés Leal	Felipe Valdés Leal
Corrido a Pedro Infante	Rafael Ramírez	Rafael Ramírez
Homenaje a Pedro Infante	Mario Molina	Rubén Fuentes
Pedro en las alturas	Teodoro Pinzón	Teodoro Pinzón
Tres recuerdos	Alberto Cervantes	Rubén Fuentes

Filmografía, 1939-1956

De 1939 a 1956 Pedro filmó 61 películas. En 55 de ellas desempeñó un papel estelar. Su primera intervención ocurrió en 1939, en la cinta *En un burro tres baturros,* dirigida por José Benavides, Jr., en la que aparece cantando, en una breve secuencia; en 1940 apareció en un cortometraje titulado *Puedes irte de mí,* título de una canción de Agustín Lara. En esa ocasión fue dirigido por un prestigiado cineasta de la época, Luis Manríquez. En esa cinta aparece al frente de su orquesta Roof Garden, en el centro nocturno Los Cocote-

En Peerles (1947).

La elegante vestimenta campirana que tanto amó.

ros, que, en aquellos años, se ubicaba en la calle de Oaxaca, a unos metros del cruce con Insurgentes. También actuó en el cortometraje *El organillero,* donde aparece tocando la guitarra y cantando. Años después, en 1952, interviene como artista invitado en dos simpáticas comedias, *Había una vez un marido* y *Sí... mi vida,* con sus queridos compañeros, Lilia Michel y Rafael Baledón. Ese mismo año aparece unos minutos con su hermano Ángel en la película *Por ellas aunque mal paguen.*

Según lo referido, podemos afirmar que lo más consistente de su historia fílmica comienza el 24 de junio de 1942, cuando a lado de Antonio Badú y Fernando Fernández, ambos entrañables amigos, filma *La feria de las flores.* A partir de ese momento su carrera cinematográfica se caracteriza por el éxito constante. Algunas cintas resaltan por su efecto arrollador en todo el país y el extranjero, como *Nosotros los pobres, Ustedes los ricos, Pepe el Toro, Los tres García, Vuelven los García, Cuando lloran los valientes, Los tres huastecos, Escuela de vagabundos, La oveja negra, Dos tipos de cuidado, El inocente* y *Tizoc,* entre otras. En la actualidad, el mito alrededor de estas cintas es sostenido por la televisión, medio que las sigue transmitiendo con frecuencia por ser garantía de un elevado raiting, cabe resaltar que en 1994, *Nosotros los pobres* ocupaba el lugar 27, dentro de la lista de las 100 mejores películas del cine mexicano; según la opinión de críticos y especialistas del cine en México; información que fue publicada por la revista *Somos* en julio de 1994. Sin embargo en 2013, se publicó en algunos medios; particularmente en Radio Fórmula, que se ha convertido en la película de mayor impacto en la construcción de una identidad nacional a partir de la mitad del siglo veinte; además de ser ya "la película" más taquillera del cine mexicano y con alto raiting televisivo.

En el caso del filme *Tizoc*, de gran impacto internacional, galardonada con el Globo de Oro en la categoría de mejor película en lengua no inglesa en 1957. Infante, ganó en ese mismo año el premio al mejor actor del mundo por su interpretación de Tizoc, en el festival de cine de Berlín, él no pudo recoger su premio debido al fatídico accidente aéreo de abril de 1957. Como se dijo anteriormente su estadística fílmica consistió de tres cortometrajes, tres intervenciones como artista invitado y 55 películas como estelar, que en orden cronológico fue el siguiente:

1. La feria de las flores

Producción (1942): Ixtla Films, Jorge Vélez.

Dirección: José Benavides, jr.

Argumento: Rafael M. Saavedra; adaptación: José Benavides, jr. y Rafael M. Saavedra; diálogos: Neftalí Beltrán y Rafael M. Saavedra.

Filmada a partir del 24 de junio de 1942 en los estudios Azteca. Estrenada el 16 de enero de 1943 en el cine Palacio Chino.

2. Jesusita en Chihuahua

Producción (1942): Ixtla films, Jorge Vélez.

Dirección: René Cardona.

Argumento: Ernesto Cortázar y René Cardona.

Filmada a partir del 26 de julio de 1942 en los estudios Azteca. Estrenada el 8 de octubre de 1942 en el cine Magerit.

3. La razón de la culpa

Producción (1942): Cinematográfica Mexicana, Juan J. Ortega.

Dirección: Juan J. Ortega.
Argumento y adaptación: Catalina D'Erzell; guión: Ramón Pérez Peláez y Jaime L. Contreras.

Filmada a partir del 4 de noviembre de 1942 en los estudios Azteca. Estrenada el 2 de abril de 1943 en el cine Palacio Chino.

4. Arriba las mujeres
Producción (1943): Rodríguez Hermanos.
Dirección: Carlos Orellana.
Argumento: Carlos Orellana y Joselito Rodríguez; adaptación: Carlos Orellana.

Filmada a partir del 19 de febrero de 1943 en los estudios México Films. Estrenada el 9 de julio de 1943 en el cine Insurgentes.

5. Cuando habla el corazón
Producción (1943): Rosas Priego y Fallon.
Dirección: Juan José Segura.
Argumento: Ernesto Cortázar; adaptación: Roberto O'Quigley y Roberto Gavaldón; diálogos: Ramón Pérez Peláez.

Filmada a partir del 17 de marzo de 1943 en los estudios Azteca. Estrenada el 21 de octubre de 1943 en el cine Iris.

6. El Ametralladora
Producción (1943): Jalisco films, Aurelio Robles Castillo.
Dirección: Aurelio Robles Castillo.
Argumento: Aurelio Robles Castillo; adaptación: Jaime L. Contreras.

Filmada a partir del 12 de abril de 1943 en los estudios Azteca. Estrenada el 28 de septiembre de 1943 en el cine Teresa.

7. Mexicanos al grito de guerra
PRODUCCIÓN (1943): Rodríguez Hermanos.
DIRECCIÓN: Álvaro Gálvez y Fuentes; codirección: Ismael Rodríguez.
ARGUMENTO: Álvaro Gálvez y Fuentes; adaptación: Joselito Rodríguez y Elvira de la Mora.

Filmada a partir del 14 de julio de 1943 en los estudios México Films. Estrenada el 21 de octubre de 1943 en el cine Alameda.

8. ¡Viva mi desgracia!
PRODUCCIÓN (1943): Rodríguez Hermanos.
DIRECCIÓN: Roberto Rodríguez.
ARGUMENTO: Chano Urueta y Roberto Rodríguez; adaptación: Ramón Peón, Elvira de la Mora, Roberto Rodríguez, A. Sotelo Inclán y Paulino Masip.

Filmada a partir del 22 de septiembre de 1943 en los estudios México Films. Estrenada el 12 de febrero de 1944 en el cine Palacio Chino.

9. Escándalo de estrellas
PRODUCCIÓN (1944): Rodríguez Hermanos.
DIRECCIÓN: Ismael Rodríguez.
ARGUMENTO: Ramiro Gómez Kemp, Ismael Rodríguez, Pepe Peña y Arturo Manrique, Panseco; adaptación: Ramiro Gómez Kemp.

Filmada a partir del 8 de mayo de 1944 en los estudios CLASA. Estrenada el 2 de diciembre de 1944 en el cine Palacio.

10. Cuando lloran los valientes

PRODUCCIÓN (1945): Rodríguez Hermanos S. de R. L.
DIRECCIÓN: Ismael Rodríguez.
ARGUMENTO: Rogelio A. González, Ismael Rodríguez, Arturo Manrique, Panseco, y Luis Carmona Valiño, sobre un cuento radiofónico de Pepe Peña; adaptación: Ismael Rodríguez.

Filmada a partir del 11 de enero de 1945 en los estudios México Films. Estrenada el 8 de enero de 1947 en el cine Colonial.

11. Si me han de matar mañana

PRODUCCIÓN (1946): Producciones Dyana, Jesús Grovas.
DIRECCIÓN: Miguel Zacarías.
ARGUMENTO: Miguel Zacarías.

Filmada a partir del 17 de septiembre de 1946 en los estudios Churubusco. Estrenada el 23 de mayo de 1947 en el cine Palacio Chino.

12. Los tres García

PRODUCCIÓN (1946): Rodríguez Hermanos.
DIRECCIÓN: Ismael Rodríguez.
ARGUMENTO: Ismael Rodríguez, Carlos Orellana y Fernando Méndez; adaptación: Rogelio A. González, Pedro de Urdimalas, Elvira de la Mora e Ismael Rodríguez.

Filmada a partir del 21 de octubre de 1946 en los estudios México Films. Estrenada el 15 de agosto de 1947 en el cine Colonial.

13. Vuelven los García

Producción (1946): Rodríguez Hermanos.
Dirección: Ismael Rodríguez.
Argumento: Rogelio A. González; adaptación: Ismael Rodríguez, Carlos Orellana, Pedro de Urdimalas y Carlos González.

Filmada a partir del 21 de octubre de 1946 en los estudios México Films. Estrenada el 17 de noviembre de 1947 en el cine Colonial.

14. La barca de oro

Producción (1947): Filmex, Óscar J. Brooks.
Dirección: Joaquín Pardavé.
Argumento: Ernesto Cortázar; adaptación: Tito Davison, Jorge Ferretis, Carlos Orellana y Leopoldo Baeza y Aceves.

Filmada a partir del 13 de enero de 1947 en los estudios Azteca. Estrenada el 13 de agosto de 1947 en el cine Teresa.

15. Soy charro de Rancho Grande

Producción (1947): Filmex, Óscar J. Brooks.
Dirección: Joaquín Pardavé.
Argumento: Guz Águila; adaptación: Tito Davison y Leopoldo Baeza y Aceves.

Filmada a partir del 13 de enero de 1947 en los estudios Azteca. Estrenada el 6 de noviembre de 1947 en los cines Palacio e Insurgentes.

16. Nosotros los pobres

PRODUCCIÓN (1947): Rodríguez Hermanos.
DIRECCIÓN: Ismael Rodríguez.
ARGUMENTO: Ismael Rodríguez y Pedro de Urdimalas, con la colaboración de Carlos González Dueñas; adaptación: Pedro de Urdimalas.

Filmada a partir del 20 de octubre de 1947 en los estudios México Films. Estrenada el 25 de marzo de 1948 en el cine Colonial.

17. Cartas marcadas

PRODUCCIÓN (1947): Alameda Films, Alfredo Ripstein.
DIRECCIÓN: René Cardona.
ARGUMENTO: Ernesto Cortázar; adaptación: Ramón Pérez Peláez.

Filmada a partir del 24 de noviembre de 1947 en los estudios Azteca. Estrenada el 25 de marzo de 1948 en el cine Palacio.

18. Los tres huastecos

PRODUCCIÓN (1948): Películas Rodríguez.
DIRECCIÓN: Ismael Rodríguez.
ARGUMENTO y adaptación: Ismael Rodríguez y Rogelio A. González.

Filmada a partir del 26 de febrero de 1948 en los estudios Tepeyac. Estrenada el 5 de agosto de 1948 en el cine Palacio Chino.

19. Angelitos negros

PRODUCCIÓN (1948): Rodríguez Hermanos.
DIRECCIÓN: Joselito Rodríguez.

ARGUMENTO: Joselito Rodríguez; adaptación y diálogos: Rogelio A. González.

Filmada a partir del 31 de mayo de 1948 en los estudios Tepeyac. Estrenada el 19 de noviembre de 1948 en el cine Colonial.

20. Ustedes los ricos
PRODUCCIÓN (1948): Rodríguez Hermanos.
DIRECCIÓN: Ismael Rodríguez.
ARGUMENTO: Pedro de Urdimalas, Rogelio A. Conzález, Ismael Rodríguez y Carlos González Dueñas; adaptación: Ismael Rodríguez y Rogelio A. González.

Filmada a partir del 29 de julio de 1948 en los estudios Tepeyac. Estrenada el 31 de diciembre de 1948 en el cine Palacio Chino.

21. Dicen que soy mujeriego
PRODUCCIÓN (1948): Rodríguez Hermanos.
DIRECCIÓN: Roberto Rodríguez.
ARGUMENTO y adaptación: Roberto Rodríguez, Carlos González Dueñas y Pedro de Urdimalas: diálogos: Carlos González Dueñas.

Filmada a partir del 30 de septiembre de 1948 en los estudios Tepeyac, en el rancho La Presa y en el lienzo charro La Tapatía. Estrenada el 14 de abril de 1949 en el cine Ópera.

22. El seminarista
PRODUCCIÓN (1949): Rodríguez Hermanos.
DIRECCIÓN: Roberto Rodríguez.

Argumento y adaptación: Paulino Masip; diálogos: Carlos González Dueñas.

Filmada a partir del 17 de marzo de 1949 en los estudios Tepeyac. Estrenada el 2 de noviembre de 1949 en el cine Nacional.

23. La mujer que yo perdí

Producción (1949): Rodríguez Hermanos.
Dirección: Roberto Rodríguez.
Argumento: Manuel R. Ojeda; adaptación: Manuel R. Ojeda y Carlos González Dueñas.

Filmada a partir del 28 de abril de 1949 en los estudios Tepeyac. Estrenada el 20 de octubre de 1949 en el cine Ópera.

24. La oveja negra

Producción (1949): Rodríguez Hermanos.
Dirección: Ismael Rodríguez.
Argumento y adaptación: Ismael Rodríguez y Rogelio A. González.

Filmada a partir del 25 de julio de 1949 en los estudios Tepeyac. Estrenada el 23 de diciembre de 1949 en el cine Orfeón.

25. No desearás la mujer de tu hijo

Producción (1949): Rodríguez Hermanos.
Dirección: Ismael Rodríguez.
Argumento y adaptación: Ismael Rodríguez y Rogelio A. González.

Filmada a partir del 25 de julio en los estudios Tepeyac. Estrenada el 18 de mayo de 1950 en el cine Orfeón.

26. Sobre las olas

PRODUCCIÓN (1950): Rodríguez Hermanos.
DIRECCIÓN: Ismael Rodríguez.
ARGUMENTO y adaptación: Ismael Rodríguez y Rogelio A. González, con la colaboración de Pedro de Urdimalas.

Filmada a partir del 23 de febrero de 1950 en los estudios Churubusco. Estrenada el 13 de septiembre de 1950 en el cine Roble.

27. También de dolor se canta

PRODUCCIÓN (1950): Producciones Mier y Brooks, Felipe Mier y Óscar J. Brooks.
DIRECCIÓN: René Cardona.
ARGUMENTO: Álvaro Custodio; adaptación: Pedro de Urdimalas.

Filmada a partir del 24 de abril de 1950 en los estudios Tepeyac. Estrenada el primero de septiembre de 1950 en el cine Palacio Chino.

28. Islas Marías

PRODUCCIÓN (1950): Rodríguez Hermanos.
DIRECCIÓN: Emilio Fernández.
ARGUMENTO y adaptación: Mauricio Magdaleno y Emilio Fernández.

Filmada a partir del 6 de septiembre de 1950 en los estudios Churubusco. Estrenada el 10 de agosto de 1951 en el cine Orfeón.

29. El gavilán pollero

PRODUCCIÓN (1950): Producciones Mier y Brooks, Felipe Mier y Óscar J. Brooks.

DIRECCIÓN: Rogelio A. González.
ARGUMENTO y adaptación: Rogelio A. González.

Filmada a partir del 23 de octubre de 1950 en los estudios Tepeyac. Estrenada el 26 de enero de 1951 en el cine Palacio Chino.

30. Las mujeres de mi general
PRODUCCIÓN (1950): Rodríguez Hermanos.
DIRECCIÓN: Ismael Rodríguez.
ARGUMENTO: Celestino Gorostiza y Joselito Rodríguez; adaptación: Ismael Rodríguez y Pedro de Urdimalas.

Filmada a partir del 7 de diciembre de 1950 en los estudios Tepeyac. Estrenada el 13 de julio de 1951 en el cine Orfeón.

31. Necesito dinero
PRODUCCIÓN (1951): Producciones Zacarías, Miguel Zacarías.
DIRECCIÓN: Miguel Zacarías.
ARGUMENTO: Miguel Zacarías y Edmundo Báez; adaptación: Miguel Zacarías.

Filmada a partir del 18 de enero de 1951 en los estudios Tepeyac. Estrenada el primero de enero de 1952 en el cine Orfeón.

32. ATM (A toda máquina)
PRODUCCIÓN (1951): Películas Rodríguez.
DIRECCIÓN: Ismael Rodríguez.
ARGUMENTO y adaptación: Ismael Rodríguez y Pedro de Urdimalas.

Filmada a partir del 15 de marzo de 1951 en los estudios Churubusco. Estrenada el 13 de septiembre de 1951 en el cine Alameda.

33. ¿Qué te ha dado esa mujer?

PRODUCCIÓN (1951): Películas Rodríguez.

DIRECCIÓN: Ismael Rodríguez.

ARGUMENTO y Adaptación: Ismael Rodríguez y Pedro de Urdimalas.

Filmada a partir del 15 de marzo de 1951 en los estudios Churubusco. Estrenada el 20 de diciembre de 1951 en el cine Chapultepec.

34. Ahí viene Martín Corona

PRODUCCIÓN (1951): Producciones Zacarías, Miguel Zacarías.

DIRECCIÓN: Miguel Zacarías.

ARGUMENTO: Álvaro Gálvez y Fuentes y Paulino Masip, sobre una serie radiofónica del primero; adaptación: Paulino Masip.

Filmada a partir del 29 de octubre de 1951 en los estudios Azteca. Estrenada el 23 de mayo de 1952 en el cine Palacio Chino.

35. El enamorado

PRODUCCIÓN (1951): Producciones Zacarías, Miguel Zacarías.

DIRECCIÓN: Miguel Zacarías.

ARGUMENTO: Álvaro Gálvez y Fuentes y Paulino Masip, sobre una serie radiofónica del primero; adaptación: Paulino Masip.

Filmada a partir del 29 de octubre de 1951 en los estudios Azteca. Estrenada el 5 de septiembre de 1952 en el cine Palacio Chino.

36. Un rincón cerca del cielo

Producción (1952): Filmex, Gregorio Walerstein y Antonio Matouk.

Dirección: Rogelio A. González.

Argumento: Rogelio A. González y Gregorio Walerstein; adaptación: Rogelio A. González.

Filmada a partir del 11 de febrero de 1952 en los estudios San Ángel. Estrenada el 22 de agosto de 1952 en el cine Orfeón.

37. Ahora soy rico

Producción (1952): Filmex, Gregorio Walerstein y Antonio Matouk.

Dirección: Rogelio A. González.

Argumento: Rogelio A. González y Gregorio Walerstein; adaptación: Rogelio A. González.

Filmada a partir del 11 de febrero de 1952 en los estudios San Ángel. Estrenada el 20 de noviembre de 1952 en el cine Orfeón.

38. Por ellas aunque mal paguen

Producción (1952): Cinematográfica Grovas, Jesús Grovas.

Dirección: Juan Bustillo Oro.

Argumento: Augusto Martínez Olmedilla; adaptación: Juan Bustillo Oro.

Filmada a partir del 14 de abril de 1952 en los estudios Churubusco. Estrenada el 15 de agosto de 1952 en el cine Palacio Chino.

39. Los hijos de María Morales

PRODUCCIÓN (1952): Dyana Films, Fernando de Fuentes.
DIRECCIÓN: Fernando de Fuentes.
ARGUMENTO: Fernando Méndez; adaptación: Ernesto Cortázar y Paulino Masip.

Filmada a partir del 2 de junio de 1952 en los estudios Tepeyac. Estrenada el 14 de agosto de 1952 en el cine Mariscala.

40. Dos tipos de cuidado

PRODUCCIÓN (1952): Tele Voz, Miguel Alemán Velasco.
DIRECCIÓN: Ismael Rodríguez.
ARGUMENTO y adaptación: Ismael Rodríguez y Carlos Orellana.

Filmada a partir del 4 de agosto de 1952 en los estudios Churubusco. Estrenada el 5 de noviembre de 1953 en los cines México y Mariscala.

41. Ansiedad

PRODUCCIÓN (1952): Producciones Zacarías, Miguel Zacarías.
DIRECCIÓN: Miguel Zacarías.
ARGUMENTO: Miguel Zacarías y Edmundo Báez, basado en el cuento "El patrañuelo" de Juan de Timoneda; adaptación Miguel Zacarías.

Filmada a partir del 20 de octubre de 1952 en los estudios Churubusco. Estrenada el primero de octubre de 1953 en los cines Chapultepec y Mariscala.

42. Pepe el Toro

PRODUCCIÓN (1952): Películas Rodríguez.

DIRECCIÓN: Ismael Rodríguez.
ARGUMENTO y adaptación: Ismael Rodríguez y Carlos Orellana.

Filmada a partir del 3 de diciembre de 1952 en los estudios Churubusco. Estrenada el 21 de agosto de 1953 en el cine Orfeón.

43. Había una vez un marido
PRODUCCIÓN (1952): Filmex, Gregorio Walerstein y Rafael Baledón.
DIRECCIÓN: Fernando Méndez.
ARGUMENTO y adaptación: Ramón Obón y Rafael Baledón.

Filmada a partir del 2 de abril de 1952 en los estudios San Ángel. Estrenada el 5 de marzo de 1953 en el cine Orfeón.

44. Sí... mi vida
PRODUCCIÓN (1952): Filmex, Gregorio Walerstein y Rafael Baledón.
DIRECCIÓN: Fernando Méndez.
ARGUMENTO y adaptación: Ramón Obón y Rafael Baledón.

Filmada a partir del 2 de abril de 1952 en los estudios San Ángel. Estrenada el 14 de mayo de 1953 en el cine Palacio Chino.

45. Reportaje
PRODUCCIÓN (1953): Televoz, Miguel Alemán Velasco, Pecime y la ANDA.
DIRECCIÓN: Emilio Fernández.
ARGUMENTO y adaptación: Emilio Fernández, Mauricio Magdaleno y, para el episodio con María Félix y Jorge Negrete, Julio Alejandro.

Filmada a partir del 2 de marzo de 1953 en los estudios Azteca. Estrenada el 12 de noviembre de 1953 en el cine Chapultepec.

46. Gitana tenías que ser

Producción (1953): Filmex, Antonio Matouk (México)/ Suevia Films, Cesáreo González (España).
Dirección: Rafael Baledón.
Argumento: Janet Alcoriza y Luis Alcoriza; adaptación: Fernando Galiana y Ramón Obón.

Filmada a partir del 13 de abril de 1953 en los estudios San Ángel. Estrenada el 19 de noviembre de 1953 en el cine Orfeón.

47. Cuidado con el amor

Producción (1954): Producciones Zacarías, Miguel Zacarías.
Dirección: Miguel Zacarías.
Argumento: Miguel Zacarías.

Filmada a partir del 8 de marzo de 1954 en los estudios Azteca. Estrenada el 8 de diciembre de 1954 en el cine Olimpia.

48. El mil amores

Producción (1954): Filmex, Antonio Matouk.
Dirección: Rogelio A. González.
Argumento: Gabriel Peñafiel; adaptación: Rogelio A. González y Gregorio Walerstein.

Filmada a partir del 19 de abril de 1954 en los estudios San Ángel. Estrenada el 19 de noviembre de 1954 en el cine Orfeón.

49. Escuela de vagabundos

PRODUCCIÓN (1954): Dyana Films, Fernando de Fuentes.
DIRECCIÓN: Rogelio A. González.
ARGUMENTO: John Jevne; adaptación: Paulino Masip y Fernando de Fuentes.

Filmada a partir del 7 de junio de 1954 en los estudios CLASA. Estrenada el 27 de enero de 1955 en el cine México.

50. La vida no vale nada

PRODUCCIÓN (1954): Producciones Tepeyac, Óscar Dancingers, Antonio Matouk.
DIRECCIÓN: Rogelio A. González.
ARGUMENTO: sobre los cuentos "Malva" y "Los amansadores" de Máximo Gorki; adaptación: Janet Alcoriza y Luis Alcoriza.

Filmada a partir del 16 de agosto de 1954 en los estudios CLASA y en locaciones del estado de Guerrero y del D.F. Estrenada el 5 de mayo de 1955 en el cine Metropolitan.

51. Pueblo, canto y esperanza

PRODUCCIÓN (1954): Alianza Cinematográfica, Alfonso Patiño Gómez.
DIRECCIÓN: Julián Soler (cuento cubano), Alfredo B. Crevenna (cuento colombiano), Rogelio A. González (cuento mexicano).
ARGUMENTO: cuentos "San Abul", del cubano Félix Pita Rodríguez, "El machete", del colombiano Julio Posada, y "Tierra de plata y oro", del mexicano Ladislao López Negrete; adaptación: Gabriel Ramírez Osante, Leonel Guillermoprieto, Alfonso Patiño Gómez, Ladislao Ló-

pez Negrete, José Arenas Aguilar, Pepe Grillo y Rogelio A. González.

Filmada a partir del 30 de agosto de 1954 en los estudios San Ángel. Estrenada el 17 de mayo de 1956 en el cine Palacio Chino.

52. Los gavilanes

Producción (1954): Matouk Films, Antonio Matouk.
Dirección: Vicente Oroná.
Argumento: Aurora Brillas del Moral; adaptación: Vicente Oroná.

Filmada a partir del 8 de noviembre de 1954 en los estudios Tepeyac. Estrenada el 9 de febrero de 1956 en el cine México.

53. Escuela de música

Producción (1955): Producciones Zacarías, Miguel Zacarías.
Dirección: Miguel Zacarías.
Argumento: Edmundo Báez; adaptación: Miguel Zacarías.

Filmada a partir del 20 de enero de 1955 en los estudios Churubusco. Estrenada el 12 de octubre de 1955 en el cine Palacio Chino.

54. La tercera palabra

Producción (1955): Filmex, Gregorio Walerstein y Antonio Matouk.
Dirección: Julián Soler.
Argumento: sobre una pieza de Alejandro Casona; adaptación: Luis Alcoriza.

Filmada a partir del primero de abril de 1955 en los estudios San Ángel. Estrenada el 4 de julio de 1956 en el cine Variedades.

55. El inocente

Producción (1955): Matouk Films, Antonio Matouk.
Dirección: Rogelio A. González.
Argumento: Janet Alcoriza y Luis Alcoriza.

Filmada a partir del 8 de junio de 1955 en los estudios San Ángel. Estrenada el 20 de septiembre de 1956 en el cine México.

56. Pablo y Carolina

Producción (1955): Matouk Films, Antonio Matouk.
Dirección: Mauricio de la Serna.
Argumento: Dino Maiuri; adaptación: Mauricio de la Serna y Dino Maiuri.

Filmada a partir del 9 de diciembre de 1955 en los estudios clasa. Estrenada el 25 de abril de 1957 en el cine Alameda.

57. Tizoc

Producción (1956): Matouk Films. Antonio Matouk.
Dirección: Ismael Rodríguez.
Argumento: Ismael Rodríguez, Manuel R. Ojeda y Ricardo Parada León; adaptación: Ismael Rodríguez y Carlos Orellana.

Filmada a partir de mayo de 1956 en los estudios clasa y en el estado de Oaxaca. Estrenada el 23 de octubre de 1957, en los cines Alameda, Las Américas, Mariscala y Polanco.

58. Escuela de rateros

PRODUCCIÓN (1956): Filmex, Antonio Matouk.
DIRECCIÓN: Rogelio A. González.
ARGUMENTO: sobre una pieza teatral de Carlos Llopis; adaptación: Luis Alcoriza.

Filmada a partir de agosto de 1956 en los estudios San Ángel y en el D.F. Estrenada el 19 de mayo de 1958 en los cines Roble, Orfeón y Ariel.

Inventario fílmico

Grandes figuras femeninas que participaron en sus películas:

Actriz	*Película*	*Año*
Amalia Aguilar	*Dicen que soy mujeriego*	1949
Beatriz Aguirre	*Sobre las olas*	1950
Elsa Aguirre	*Cuidado con el amor*	1954
Sofía Álvarez	*Si me han de matar mañana* *La barca de oro* *Soy charro de Rancho Grande*	1946 1947 1947
Rosita Arenas	*¿Qué te ha dado esa mujer?* *Escuela de rateros*	1951 1956
Blanca de Castejón	*La razón de la culpa* *Escuela de vagabundos*	1942 1954
Silvia Derbez	*Dicen que soy mujeriego* *El seminarista*	1949 1949
Irasema Dilián	*Pablo y Carolina*	1955

Actriz	*Película*	*Año*
Irma Dorantes	*Los tres huastecos* *No desearás la mujer de tu hijo* *También de dolor se canta* *Necesito dinero* *El enamorado* *Ahora soy rico* *Por ellas aunque mal paguen* *Los hijos de María Morales* *Ansiedad* *Pepe el Toro*	1948 1949 1950 1951 1951 1952 1952 1952 1952 1952
María Félix	*Reportaje* *Tizoc*	1953 1956
Carmen González	*Los hijos de María Morales* *Dos tipos de cuidado* *Reportaje*	1952 1952 1953
Rosario Granados	*La vida no vale nada*	1954
Guillermina Grin	*También de dolor se canta*	1950
Emilia Guiú	*¡Viva mi desgracia!* *Angelitos negros*	1943 1948
Susana Guizar	*Jesusita en Chihuahua*	1942
Magda Guzmán	*La vida no vale nada*	1954
Katy Jurado	*Nosotros los pobres* *El seminarista*	1947 1949
Libertad Lamarque	*Ansiedad* *Reportaje* *Escuela de música*	1952 1953 1955
Ana Berta Lepe	*Los gavilanes*	1954
Amanda del Llano	*La oveja negra* *No desearás la mujer de tu hijo* *Pepe el Toro* *Reportaje*	1949 1949 1952 1953

Actriz	*Película*	*Año*
Verónica Loyo	*Los hijos de María Morales*	1952
Rita Macedo	*Pueblo, canto y esperanza*	1954
María Elena Marqués	*La razón de la culpa* *Reportaje*	1942 1953
Miroslava	*Reportaje* *Escuela de vagabundos*	1953 1954
Carmen Molina	*No desearás la mujer de tu hijo*	1949
Carmen Montejo	*Nosotros los pobres* *¿Qué te ha dado esa mujer?* *Reportaje*	1947 1951 1953
Nelly Montiel	*Si me han de matar mañana* *La barca de oro* *Ustedes los ricos*	1946 1947 1948
Sara Montiel	*Necesito dinero* *Ahí viene Martín Corona* *El enamorado*	1951 1951 1951
Blanca Estela Pavón	*Cuando lloran los valientes* *Vuelven los García* *Nosotros los pobres* *Ustedes los ricos* *Los tres huastecos* *La mujer que yo perdí*	1945 1946 1947 1948 1948 1949
Silvia Pinal	*La mujer que yo perdí* *Un rincón cerca del cielo* *Por ellas aunque mal paguen* *Ahora soy rico* *El inocente*	1949 1951 1952 1952 1955
María Antonieta Pons	*¡Viva mi desgracia!*	1943

Actriz	*Película*	*Año*
Lilia Prado	*La barca de oro* *Soy charro de Rancho Grande* *El gavilán pollera* *Las mujeres de mi general* *La vida no vale nada* *Los gavilanes*	1947 1947 1950 1950 1954 1954
Chula Prieto	*Las mujeres de mi general* *Gitana tenías que ser*	1950 1953
Rosita Quintana	*El mil amores*	1954
Carmen Sevilla	*Reportaje* *Gitana tenías que ser*	1953 1953
Yolanda Varela	*Dos tipos de cuidado* *Escuela de rateros*	1952 1956
María Luisa Zea	*La feria de las flores* *Cuando habla el corazón*	1942 1943

Comediantes que más participaron en sus películas:

Actor	*Película*	*Año*	*Personaje*
Eulalio González "Piporro"*	*Necesito dinero*	1951	mesero
	Ahí viene Martín Corona	1951	Piporro
	El enamorado	1951	Piporro
	Gitana tenías que ser	1953	reparto
	Cuidado con el amor	1954	Serafín Estrada
	Los gavilanes	1954	Andrés
	Escuela de música	1955	Laureano Garza

* Se dice que Pedro Infante bautizó a don Eulalio como "Piporro" pero en realidad fue Álvaro Gálvez y Fuentes, el Bachiller.

Actor	*Película*	*Año*	*Personaje*
Armando Soto La Marina, "El chicote"	*Mexicanos al grito de guerra*	1943	pastelero
	Cuando lloran los valientes	1945	Cleofas
	Si me han de matar mañana	1946	El Zopilote
	Cartas marcadas	1947	Tepalcate
Fernando Soto "Mantequilla"	*Los tres García*	1946	Tranquilino
	Vuelven los García	1946	Tranquilino
	La barca de oro	1947	Celedonio
	Soy charro de Rancho Grande	1947	El Olote
	Los tres huastecos	1948	Cuco
	Ustedes los ricos	1948	Antonio Feliciano de la Rosa
	Dicen que soy mujeriego	1949	Bartolo
	El seminarista	1949	Toña
	Pepe el Toro	1952	Antonio Feliciano de la Rosa

Arturo Soto Rangel, el actor que más participó en sus películas:

Película	*Año*	*Personaje*
La feria de las flores	1942	reparto
Arriba las mujeres	1943	Juez Leobardo
Cuando habla el corazón	1943	Don Rafael
El Ametralladora	1943	Señor Salas
Mexicanos al grito de guerra	1943	Padre Sandoval
¡Viva mi desgracia!	1943	Tío Manuel
Dicen que soy mujeriego	1949	cura
El seminarista	1949	Don Pancho
Islas Marías	1950	Miguel
Las mujeres de mi general	1950	Don Felipe
Ahora soy rico	1952	zapatero
Dos tipos de cuidado	1952	doctor
Ansiedad	1952	Don Lorenzo
Reportaje	1953	dibujante
Cuidado con el amor	1954	Don Hilario
Pablo y Carolina	1955	Garza, abuelo
Escuela de rateros	1956	gerente de banco

Niños actores que participaron en sus películas:

Actor/Actriz	*Película*	*Año*	*Personaje*
Angélica María	*Los gavilanes*	1954	Florecita
Dora Luisa Infante León	*Angelitos negros*	1948	bebé

Actor/Actriz	*Película*	*Año*	*Personaje*
Emilio Girón	*Ustedes los ricos*	1948	El Torito
Jaime Jiménez Pons	*Nosotros los pobres*	1947	El Güijolo
	La vida no vale nada	1954	Fito
Mario Humberto Jiménez Pons	*La vida no vale nada*	1954	Goyo
Joaquín Rache, Jr.	*Cuando lloran los valientes*	1945	Pepe el Pinolillo
	El seminarista	1949	niño
Marcela Zacarías	*El enamorado*	1951	Martincío
Elisa Zacarías	*El enamorado*	1951	Rosariyo
María Alicia Rivas	*El mil amores*	1954	Patricia
María Eugenia Llamas	*Los tres huastecos*	1948	La Tucita
	Dicen que soy mujeriego	1949	La Tucita
	El seminarista	1949	La Tucita
Narciso Busquets	*Cuando habla el corazón*	1943	Miguel
Noemí Beltrán	*El Ametralladora*	1943	Chachita
René Cardona, Jr.*	*Cartas marcadas*	1947	El papelerito
	También de dolor se canta	1950	reparto
Titina Romay	*Angelitos negros*	1948	Belén

*Ahijado de Pedro en la vida real.

NOTAS Y BIBLIOGRAFÍA

1. Yo soy quien soy

[1]*TVyNovelas,* México, agosto 2002, p. 30.

2. Orgullo ranchero

[1]Dato proporcionado por el doctor Héctor Carreón, residente de dicha ciudad.

[2]Dato corroborado por Lupita Infante Torrentera, cuando fue invitada a participar en el carnaval de Mazatlán en febrero del 2002.

[3]León, María Luisa, *Pedro Infante en la intimidad conmigo,* Comaval, Estado de México, 1961, pp. 38-40.

[4]Hubbard, Carlos R., *Cuentos de mi Rosario* (mimeo), Rosario, Sinaloa, 1991, p. 115.

[5]López G. Melitón "Pedro Infante provino de una familia muy pobre", en *Cine Mundial,* México, abril de 1988, p. 2.

[6]Hubbard, Carlos R., *op. cit.,* pp. 115-132.

[7]En esa época, a fines de la década de los veinte, el plan de estudios básicos era hasta cuarto año en Sinaloa; o quizá por razones de otra índole, sólo se pudiese brindar educación hasta ese año. En la capital del país el plan de estudios sí era de seis.

[8]Hubbard, Carlos R., *op. cit.,* p. 115.

[9]López G. Melitón, *op. cit.,* p. 2

[10]Según información de don José Infante Cruz.

[11]Hubbard, Carlos R., *op. cit.,* p. 116

[12]Información proporcionada por Luis Infante López.

[13]López G. Melitón, "Como carpintero y peluquero se ganó la vida", en *TVyNovelas,* México, 1988, p. 4.

[14]Hubbard, Carlos R., *Cuentos de mi Rosario* (mimeo), Rosario, Sinaloa, 1991.

[15]León, María Luisa, *op. cit.,* p. 17.

[16]Información directa del INEGI, México, febrero de 1992.

[17]León, María Luisa, *op. cit.,* p. 31.

[18]Fuentes, Carlos, *La silla del águila,* Alfaguara, México, 2003, p. 42.

[19]Castañeda, Ricardo y Vela, José Luis, *Pedro Infante* 1917-1957, Fábrica de Discos Peerles, México, 1982, pp. 1-5.

[20]*Ídolos de siempre,* varios autores, "Pedro Infante el más grande ídolo", Publigraf, México, 1981, p. 12.

[21]Jiménez, Armando, "Música, mujeres y vino", *Reforma,* 27 de noviembre de 1993.

[22] Castañeda, Ricardo y Vela, José Luis, *op. cit.,* p. 5.

[23]Datos proporcionados por Silvia Armendáriz Jáuregui, Grupo Radiópolis, "Semblanza de la vida de Pedro Infante", México, 1991.

[24]Careaga, Gabriel, *Estrellas de cine: Los mitos del siglo XX,* Océano, México, 1984, pp. 83-84.

[25]Monsiváis, Carlos, "Quién fuera Pedro Infante", en *Encuentro* (suplementos), México, 1986, p. 5.

3. El muchacho alegre

[1]Salazar, Jaime Rico, *Cien años de bolero,* Centro de Estudios Musicales de Latinoamérica, Bogotá, noviembre 1988, p. 455.

[2]García Riera, Emilio, *Breve historia del cine mexicano, primer siglo:* 1897-1997, Conaculta, Imcine, Canal 22, MAPA, 1999, p. 129.

[3]*Ibíd.* p. 133.

[4]Datos proporcionados por Belinda Infante, a partir de una investigación directa respecto a la presencia de Pedro en Monterrey.

[5]Beltrán, Antonio, "La radio en México", en *Revista Mexicana de Aviación,* México, octubre de 1991, pp. 77-84.

[6]Meyer, Eugenia, entrevista a Ismael Rodríguez, *Testimonios para la historia del cine en México,* Cineteca Nacional, programa de historia oral, México, mayo de 1976, p. 129.

[7]Armendáriz Jáuregui, Silvia, Grupo Radiópolis, "Semblanza de la vida de Pedro Infante", México, 1991.

[8]García Riera, Emilio, *op. cit.*, p. 150.

[9]Careaga, Gabriel, *Estrellas de cine: Los mitos del siglo* xx, Océano, México, 1984, p. 87.

[10]Careaga, Gabriel, *op. cit.*, pp. 87-88; y Jorge Ayala Blanco, *La aventura del cine mexicano,* Era, México, 1969, p. 75.

[11]Torrentera, Guadalupe y Estela Ávila, *Un gran amor,* Diana, México, 1991.

[12]Carrasco Vázquez, Jorge, *Pedro Infante, un mito siempre joven,* Grupo Editorial Tomo, México, 2004, p. 65.

[13]Información proporcionada por Pepe Infante Cruz.

[14]Monsiváis, Carlos, "Notas sobre la cultura mexicana en el siglo XX", en *Historia general de México, t.* 2, El Colegio de México, México, 1981, pp. 1375-1548.

[15]Monsiváis, Carlos. "Ismael Rodríguez: del sentimentalismo como escuela de reciedumbre", en *Proceso,* México, 22 de agosto de 2004, p. 77.

[16]Loaeza Guadalupe, *Hombres ¿maravillosos?,* Océano, México, 2003, p. 41

[17]Careaga, Gabriel, *op. cit.*, pp. 87-88.

[18]*Ibíd.*, p. 87.

[19]Monsiváis, Carlos: "Ismael Rodríguez: del sentimentalismo como escuela de reciedumbre", *op. cit.*, p. 78.

[20]Meyer, Eugenia, *op. cit.*, p. 128.

[21]Armendáriz Jáuregui, Silvia, *op. cit.*

[22] Meyer, Eugenia, *op. cit.*, p. 130.

[23]Fernández, Claudia y Paxman, Andrew, *El Tigre Emilio Azcárraga y su imperio Televisa,* Grijalbo, 2000, México, p. 76.

[24]*TVyNovelas,* 5 de mayo de 2003, pp. 108-109.

[25]León, María Luisa, *Pedro Infante en la intimidad conmigo,* Comaval, Estado de México, 1961, p.126.

[26]Periódicos *Excélsior, El Universal, La Prensa* y *El Nacional* del 23 de mayo de 1949, en los que describían las características y pormenores del accidente. Asimismo, los testimonios de los libros de María Luisa León y Guadalupe Torrentera ya citados.

[27]*Ibíd.*

[28]Ayala Blanco, Jorge, *op. cit.*, p. 100.

[29]Monsiváis, Carlos, "Ismael Rodríguez: del sentimentalismo como escuela de reciedumbre", *op. cit.*, p. 78.

[30]León, María Luisa, *op. cit.*, p. 142.

[31]Periódicos *La Prensa* y *Excélsior*, México, 27 de septiembre de 1949.

[32]*Ibíd.*

[33]Meyer, Eugenia, *op. cit.*, p. 129.

[34]Armendáriz Jáuregui, Silvia, *op. cit.*

[35]Aldeoca, Adela, "Pedro Infante fenómeno o ídolo", en *Reportaje*, México, abril de 1991.

4. Doscientas horas de vuelo

[1]Carrasco Vázquez, Jorge, *Pedro Infante, un mito siempre joven*, Grupo Editorial Tomo, México, 2004, p. 102.

[2]García Riera, Emilio, *Breve historia del cine mexicano, primer siglo:* 1897-1997, Conaculta, Imcine, Canal 22, MAPA, 1999, p. 170.

[3]Careaga, Gabriel, *Estrellas de cine: Los mitos del siglo xx*, Océano, México, 1984, p. 88.

[4]*Ídem,*

[5]García Riera, Emilio, *Historia del cine mexicano*, SEP, Foro 2000, México, 1986, p. 170.

[6]Careaga, Gabriel, *op. cit.*, p. 89.

[7]García Riera, Emilio, *op. cit.*, p. 202.

[8]Meyer, Eugenia, entrevista a Ismael Rodríguez, *Testimonios para la historia del cine en México*, Cineteca Nacional, programa de historia oral, México, mayo de 1976, p. 129.

[9]León, María Luisa, *Pedro Infante en la intimidad conmigo*, Comaval, Estado de México, 1961, pp. 150-152.

[10]*Ídem.*

[11]Meyer, Eugenia, *op. cit.*, p. 128.

[12]Periódico *La Prensa*, México, enero de 1952.

[13]"En un terreno de 10 hectáreas, situado en el kilómetro 17.5 de la carretera a Toluca, construyó lo que llamó la 'Ciudad Infante'. Era un verdadero pueblo; en su casa tenía gimnasio, peluquería y una carpintería, para practicar sus antiguos oficios. El conjunto incluía también una iglesia, una placita pueblerina y un cine", Morales, Salvador, en *Universo*, México, marzo 1981, p. 183.

[14]Investigación directa, datos obtenidos al entrevistar a lugareños y vecinos de Cuajimalpa.

[15]Careaga, Gabriel, *op. cit.*, p. 91

[16]Negrete, Diana, *Jorge Negrete, biografía autorizada,* Diana, México, 1989.

[17]*Ídem,*

[18]Careaga, Gabriel, *op. cit.*, p. 90.

[19]Meyer, Eugenia, *op. cit.*, p. 139.

[20]García, Gustavo, No *me parezco a nadie. La vida de Pedro Infante, vol. II,* Clío, México, 1994, p.40.

[21]Información obtenida en el INEGI, México, febrero de 1992.

[22] Wornat, Olga, *La Jefa,* Grijalbo, México, 2003, p. 56.

[23]Periódico *Últimas Noticias* de *Excélsior,* México, 11 de abril de 1957.

[24]*Ídem.*

[25]León, María Luisa, *op. cit.*, p. 199; y Melitón G. López, "Pedro Infante provino de una familia muy pobre", en *Cine Mundial,* México, abril de 1988, p. 2.

[26]La prensa nacional dedicó mucho espacio y titulares a la muerte del Charro Cantor; fue muy notoria la fotografía en que Pedro consolaba a la madre de su amigo; véase González Márquez, Mario Luis, "Grandioso fue el sepelio de Negrete", en *Cine Mundial,* México, 9 de diciembre de 1953, portada y p. 3.

[27]Periódico *Últimas Noticias* de *Excélsior,* "Mudo desfile ante el ídolo", México, 16 de abril de 1957, p. 4.

[28]Revista *Proceso,* Columba Vertiz, 14 de abril de 2003, pp. 89-91.

[29]La prescripción médica era principalmente de no ingerir alimentos con altos niveles de azúcar, en virtud de que por estas fechas padecía diabetes, pero era tal su condición física que controlaba el padecimiento.

[30]Meyer, Eugenia, *op. cit.*, p. 130.

[31]Este reconocimiento fue recibido el 15 de junio de 1956, en el Salón Candiles del Hotel del Prado, por Ángel Infante y el periodista Jaime Valdez.

[32]Careaga, Gabriel, *op. cit.*, p. 92.

[33]Periódicos *Excélsior* y *El Universal,* México, 25 de octubre de 1954.

[34]*Ídem.*

[35]Periódico *El Universal,* México, 22 de marzo de 1955.

[36]Careaga, Gabriel, *op. cit.*, p. 193.

[37]*Ibíd.*, p. 93.

[38]Información proporcionada por Jorge Hadad.

[39]Periódicos *El Universal, Excélsior,* México, 16, 17 y 18 de abril de 1957.

[40]Meyer, Eugenia, *op. cit.*, p. 130.

[41]*Ídem.*

[42]Periódico *Excélsior,* folleto "Este discurso objeto del cine", México, marzo de 2003.

[43]Información proporcionada desde Monterrey por Belinda Infante, quien entrevistó en varias ocasiones a don Plinio Espinoza. Este conductor pionero de Monterrey y amigo intimo de Pedro, ratificó la información.

[44]Carrasco Vázquez, Jorge, *op. cit.,* pp. 73, 74.

[45]González de León, Carlos, *El Cancionero de Pedro,* PUBLIRAMA, 2003.

5. Que me toquen "Las golondrinas"

[1]Periódico *Excélsior* 4-B, México, 16 de abril de 1957.

[2]*Ídem.*

[3]Periódicos *La Prensa, Excélsior, El Universal, El Nacional, El Norte,* primeras planas, México, 16 y 17 de abril de 1957.

[4]Periódico *El Norte,* Monterrey, 16 de abril de 1957.

[5]Periódico *La Prensa,* México, 17 de abril de 1957.

[6]*Ídem.*

[7]Periódicos *Excélsior, Últimas Noticias,* México, 15 de abril de 1957.

[8]La noticia de su muerte causó una verdadera conmoción. Muchas mujeres de toda condición se vistieron de luto. Una muchacha de 14 años se suicidó en Monterrey y lo mismo una joven venezolana. Salvador Morales, *La música mexicana (Raíces, compositores e intérpretes),* en *Universo,* México, marzo 1981, p. 178, consigna: "En Caracas, una joven de 19 años se suicidó hoy al enterarse de la muerte del actor y cantante mexicano; Josefina Vaica fue la joven que tomó tan trágica determinación en la ciudad de Meno Grande, distrito Bolívar"; en *La Prensa,* 17 de abril de 1957, p. 3. "En Bogotá otras dos 'románticas' enamoradas de Pedro Infante intentaron hoy quitarse la vida, se trata de Teresa Tovar y Paulina Arias de 19 y 18 años de edad, respectivamente", en *La Prensa,* 23 de abril de 1957.

[9]Periódicos *El Universal, Excélsior, op. cit.,* primeras planas.

[10]Periódico *La Prensa,* México, 17 de abril de 1957.

[11]Periódico *Excélsior,* México, 18 de abril de 1957.

[12]García Riera, Emilio, *Breve historia del cine mexicano, primer siglo: 1897-1997,* Conaculta, Imcine, Canal 22, MAPA, 1999, p. 210.

[13]*Ídem.*

[14]García Riera, Emilio, *op. cit.,* p. 211.

6. Tú sólo tú

[1]Agustín, José, *Tragicomedia mexicana 1, La vida en México de 1940 a 1970,* Planeta, México, 1991, p. 96.

[2]Periódico *Últimas Noticias* de *Excélsior,* México, 15 de abril de 1958.

[3]*Ídem.*

[4]*Ídem.*

[5]Monsiváis, Carlos, "Quién fuera Pedro Infante", en *Encuentro* (suplemento), México, 1986, p. 5.

[6]Periódico *Excélsior,* sección Espectáculos, México, 19 de abril de 1992.

[7]Periódico *El Universal,* sección Espectáculos, México, 15 de abril de 1992.

[8]Periódico *El Universal,* sección Espectáculos, México, 15 de abril de 1993.

[9]Periódico *El Financiero,* sección Cultural, México, 28 y 29 de octubre de 1992, pp. 57 y 61.

[10]Revista *Época,* México, 12 de abril de 1992, pp. 62 y 63.

[11]Periódico *Reforma,* sección Gente, 19 de abril de 2003, p. E9.

[12]*Ibíd.*

[13]Periódico *La Jornada,* suplemento *La Jornada Semanal,* México, 20 de abril de 2003, p. 16.

[14]Periódico *Reforma,* sección Gente, México, 8 de agosto de 2004.

Esta obra se imprimió y encuadernó
en el mes de julio de 2022,
en los talleres de Impregráfica Digital, S.A. de C.V.,
Av. Coyoacán 100–D, Col. Del Valle Norte,
C.P. 03103, Benito Juárez, Ciudad de México.